チェンジの扉

児童労働に
向き合って気づいたこと

著・認定NPO法人ACE
写真・安田菜津紀

集英社

ガーナの村。学校の教室で遊ぶ子どもたち。

もくじ

はじめに　10

第1章　大切なものって、なんだろう……13

第2章　勇気をくれる出会い……29

第3章　小さなきっかけの大きなチカラ……47

Interlude　「私」という軸を広げて　安田菜津紀……81

第4章　「この世で見たい」と願う変化のために……91

第5章　チェンジの扉のその先へ……109

おわりに　124

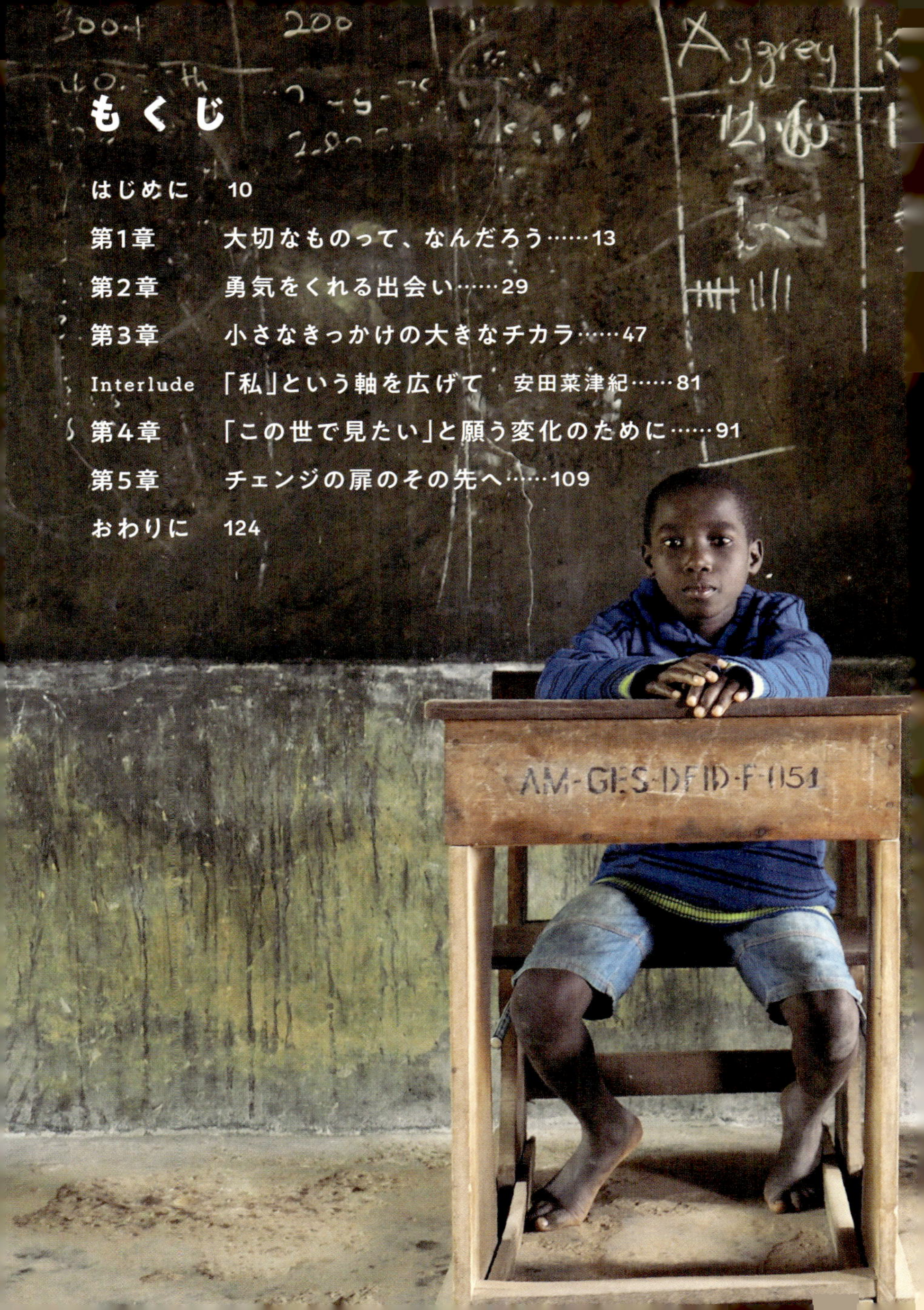

辛い過去を思い出し、抑えていた涙がこぼれる。

意志を持った子どもには、未来を切りひらく力がある。

インドのコットン畑で働いていた少女は、ブリッジスクール（補習学校）に通うようになった。

ブリッジスクールの授業。手もとの黒板で、文字や計算の練習をする。

ACEのパーパス

（Purpose＝究極的な存在意義）

私たちは、
子ども、若者が自らの意志で
人生や社会を築くことができる
世界をつくるために、
子ども、若者の権利を奪う
社会課題を解決します。

はじめに

こんにちは。私たちＡＣＥは、「児童労働のない世界」を目指して活動する認定ＮＰＯ法人です。１９９７年に学生５人でスタートし、２００５年にＮＰＯ法人化、２０１０年には認定ＮＰＯ法人となりました。２０１７年12月で、設立20周年を迎えることができました。(※)

「児童労働」というと、どのようなことを想像するでしょうか。

文字通り、「子どもが働くこと」ではありますが、安全な環境下での家の手伝いや学生時代のアルバイトは含まれません。問題となるのは、幼いころから働いて教育の機会を奪われること、劣悪な労働によって健康を損なうこと。そして人生を選択する自由を奪われてしまうこと。今でも世界では多くの子どもたちが、「自分の人生は、自分で選んでよい」ということに気づかないまま、働き続けることを余儀なくされています。

ガーナ、アシャンティ州の小さな村に住む、シャーロットちゃん（12歳）

は、両親の離婚によって経済的に困窮し、学校に通えなくなった女の子です。「人間よりも動物が好き」という彼女は2匹の猫を飼っていて、「オコセコ」と「ニパフエフ」という名前を付けていました。ガーナの言葉で、「人間はとても非寛容な存在だ」「人間は破壊する生き物だ」という意味だと知り、私たちはなんとも言えない気持ちになりました。でも彼女は、ACEの活動を通じて学校に通い直すことで、「算数が好き、将来は獣医さんになりたい」と夢を語れるようになったのです。

飼い猫にそんな名前を付けるくらい、絶望感でいっぱいになってしまう──それは、児童労働に直面した経済的に恵まれない子どもや、遠い国に住む人たちだけにあてはまることなのでしょうか。当たり前のように教育を受け、電気・ガス・水道などの生活インフラも整った日本で暮らす私たちでも、「もう自分の人生はどうにもならない」「苦しいけど抜け出せない」と思うときがあるのではないでしょうか。

「世界は生きるに値するすばらしい場所である。人は誰でも存在する価値があり、無限の可能性を持っている」

これは私たちの活動理念にある一節です。これまで活動するなかで、私

※　NPOとは「Non-Profit Organization」の略称。民間の立場で利益を分配することを目的とせず、様々な公益に資する活動を行う団体の総称。特定非営利活動促進法に基づき法人格を取得した団体を「特定非営利活動法人(NPO法人)」という。そのうち、一定の基準を満たしていると所轄庁(都道府県・政令市)が認めた法人を認定NPO法人といい、より高い税制優遇が適用される。

似た用語であるNGOは、「Non-Government Organization」の略称で、「非政府組織」と訳される。政府の代表者が集まる国連の場において、参加国以外の組織を指す言葉として用いられたことが始まりで、国境を越えた活動を行う団体をNGOと呼ぶことが多い。ACEはNPOでありNGOでもあるが、本書ではNPOと統一して表記する。

たちよりもずっと厳しい環境で生きている人たちが小さなきっかけを見つけて人生に変化を起こし、「自分の意志で生きる」ことを選択し始めた場面にたくさん遭遇しました。児童労働をしていた子どもたちが変化を起こすことができたのであれば、それは誰にでも可能なのかもしれない。世界はそんな可能性や希望に満ちている。私たちはそう思うようになりました。

本書では、児童労働という問題に向き合ったことをきっかけに、自分の人生を取り戻した子どもたちやその親、地域の人たちのストーリーをフォトジャーナリスト・安田菜津紀さんの写真とともに紹介します。同時に、彼らの変化に触れたACEスタッフそれぞれが、いかに自身の人生の意味や目的を再確認し、自らの変化に向き合ったのか。そんなたくさんの「チェンジ」のつながりから生まれたお話をお伝えします。

ACEが20年間を通じて児童労働に向き合い、気づいた大切なこと。それは、自分の人生は自分で選び取ることができるということ、そのチャンスは誰にでもあるということ。そのことに気づいたとき、初めて「チェンジの扉は開くのだ」ということなのです。

第1章

大切なものって、なんだろう

ACE事務局長・共同創業者
白木朋子

©ACE

白木朋子

Tomoko Shiroki

1974年生まれ。宮城県仙台市出身。大学のゼミでインドの児童労働を研究し、現地でのフィールドワークで児童労働を余儀なくされる子どもたちと出会い、強い衝撃を受ける。1997年大学4年時に岩附由香（現ACE代表）と出会い、学生5人でACEを創業。英国の大学院への留学、開発援助のコンサルティング会社での勤務を経て、2005年より現職。ガーナのカカオ生産地での事業立案、企業との連携による商品開発、労働、人権に関する企業の社会監査、教材開発や書籍の出版、講演、執筆などに携わる。農業を営む夫と娘とともに埼玉県で暮らす。写真（左）は「トモコ」と名付けられた、ガーナの村の女の子。

ガーナで出会ったシングルマザーの「チェンジ」

ＡＣＥが産声をあげたのは、１９９７年。代表の岩附由香と私を含む、学生５人で立ち上げたのがはじまりです。世界中のすべての子どもたちが児童労働から守られ、教育を受ける権利など、子どもの権利が保障されるようになることを目指してきました。

今、私たちが子どもたちを支援する活動を行っている主な地域はインドとガーナです。インドの児童労働者数は、２０１１年のインドの国勢調査では４３５万人（２０１６年、ユニセフによると１０２０万人）。うち、コットン種子栽培に関わる児童労働者は48万人（２０１５年、オランダ・インド委員会）。ガーナにおいては、１８９万２５５３人、うち「最悪の形態」の児童労働は約１２３万人となっています（２０１４年、ガーナ統計局発表）。児童労働に関わっている子どもは現在、世界に1億５２００万人いるとされます（２０１７年、ＩＬＯ国際労働機関発表）。（※１）

※1　児童労働とは、15歳未満の義務教育を妨げる労働や、法律で禁止されている18歳未満の危険有害労働のことで、国際労働機関（ＩＬＯ）が定める2つの条約（第138号、第182号）で禁止されている。第182号条約では、児童労働の中でも最も搾取的なものを「最悪の形態」と定め、18歳未満が従事している場合は無条件で引き離し保護しなければならないとしている。最悪の形態の児童労働には、子どもによる奴隷的な労働や強制労働、人身取引、子ども兵士、売春やポルノへの子どもの使用、麻薬の売買など犯罪行為に子どもを使用すること、その他子どもの心身の健康に著しく悪影響を及ぼすような危険有害労働（各国の労働法にて規定される）などが含まれる。

本書を出版するにあたり、私の頭にまず思い浮かんだのは、ガーナのアシャンティ州の村で出会った一人の女性のことです。ここは、ACEがガーナで最初に活動を始めた村です。当時この村では、幼い子どもたちが学校に行けずにカカオ生産の重労働に従事していたことから、「スマイル・ガーナ プロジェクト」(※2)が始まっていました。

人々が暮らしている村の中心部から離れた場所には、カカオ農園が点在しています。そこでは、「ケア・テイカー」といって、地主が農園の管理を請け負う人を雇い、家を設けてその近くに住まわせるしくみがあります。農園の中を分け入り、歩き続け、ようやく辿り着いた家には、7人の子どもを育てるシングルマザーのアクヤさんがいました。当時、一番上の子が11歳か12歳くらいで、続くきょうだいも年子。私たちのプロジェクトを通じて、子どもたちは学校に行き始めたものの、制服は買えず、みんなボロボロの服を着て、学用品もろくにそろえられないという状況でした。

ひとり親のために生活は苦しく、「子どもたちに働いてもらわないと、本当は困る」というアクヤさん。「それでも、子どもは学校に通わせてほしい」と説得するのが私たちの役割ではあるけれど、「言うは易し」で、

※2　カカオ生産地で働く子どもたちの教育とカカオ農家の経済的自立を支援するプロジェクト。2009~2018年の終了まで、アシャンティ州の8村で活動を行い、計454人の子どもたちを危険な児童労働から救うと同時に、約4000人の子どもたちに教育支援を行った。

当の家族にとっては、とても大変なことだと実感しました。それはどの途上国でも毎回感じることで、お母さんの横に小さな子どもたちがずらりと並んでいる光景を目の前にしたそのときはなおさら、しみじみと考えさせられたことを覚えています。学用品を私たちのプロジェクトを通じて支給し、まずは子どもが学校に行けるようにした上で、お母さんには農園を営むトレーニングへの参加を勧めるなど、一家への支援を続けました。

その結果、2年後には「おかげさまで、子どもたちはみんな、ちゃんと学校に通っているよ」という嬉しい報告がありました。さっそく様子を見に行こうということになり、私は再びその家族のもとへ。同プロジェクトの担当者として、現地の活動のモニタリング（活動がしっかり行われているかの確認や調整、現地スタッフへのアドバイスなど）のため、当時は年に3回はガーナに通う生活を送っていたのです。

久しぶりに再会したアクヤさんは、以前とは顔つきや表情もずいぶん変わり、その瞳は「責任感」にあふれていました。「子どもたちを学校に行かせるためには、自分が一生懸命働かなければいけない」と、真剣に語るアクヤさん。農園以外にも、遠く離れた隣村までものを売りに行く新しい

©ACE

2010年に初めて会ったときの、
シングルマザーのアクヤさん。

仕事も始めたといいます。こちらが少し心配になるほど体も痩せていて、キリッとしたその表情からは頑張っている様子がうかがえました。

　児童労働の背景にありがちなのは、「子どもに頼らずとも、本当は親だけで仕事をすることはできる」という意識が薄いことです。日本でも「子ども＝働き手」と捉えられていた時代が長くありました。初めて会ったときのアクヤさんも同様で、とくに疑問を持つことなく、「家にいるのだから」とわが子を働かせていたのでしょう。でも、子どもが教育を受けることの大切さを知り、「自分はこの子たちの将来を背負って、今生きているんだ」と、彼女の中でいつしか意識のスイッチが切り替わったのです。

　日々を生きるのに精いっぱいで、「与えられた環境の中で、ただ毎日を過ごす」という受け身の人生を送っている人は多いかもしれません。でも、そこから「自分は何のために生きるのか」と気づくことによって、初めて、自分らしい人生を思いきり生きることができるようになるのではないでしょうか。「学校に通う」ということは、目標の一つではあるものの、それはあくまでも、子どもたちが自分の持っている可能性を知るための入り口にすぎません。途上国の人たちにとってはとくに、学校に行くチャン

©ACE

2012年に再会したアクヤお母さんは、
生き生きとしていた。

スを得られるかどうかは、将来を自分で切りひらけるかどうかに直結します。アクヤさんの変化を目にしたとき、私はあらためて、ACEの活動の先にある「大切なもの」が見えた気がしたのです。

そこにある「解決策」

すべての人が自分の生きる意味を見出すことができたとき、この世界は今よりもっと、すばらしいものになる。その第一歩は、「自分の日々の暮らしのそばにすでにあるもの」に気づくことかもしれません。

「世界で最も児童労働が多い」と言われるインドで、私たちが支援活動を行った「子どもにやさしい村プロジェクト」（※3）では、そのことを実感した印象的なエピソードがありました。

わが子を学校に通わせ始めたというお母さんに、「お子さんが働かなくなると、収入が減って大変ではありませんか」と尋ねたところ、「全然、大変じゃないです」と拍子抜けする答えが返ってきたのです。さらに理由を聞くと、「もともと飼っていた家畜のミルクを売りはじめて、そのぶん

※3　インドの農村地域でACEが現地団体BBA（Bachpan Bachao Andolan）と行った児童労働撤廃プロジェクト。12の村で、約5600人の子どもたちを支援。2013年に終了。

の収入ができたから、子どもは働かなくてもよくなったのよ」と言うではありませんか。つまり彼女は、私たちの活動を通じて初めて、「どうすればこの子を学校に通わせることができるだろう」と考えるに至ったわけです。そうしたら、「あれっ、そういえばうちには牛がいたんだわ」と、自分が選択肢を持っていたことにも気づいたのです。

ガーナのアマドゥくんという男の子は、私が出会ったときはすでに18歳くらいで、義務教育を受ける年齢は過ぎていました。話を聞いてみると、「自分も学校に行ってみたい」と言うので、お母さんと会って話してみることに。しかしお父さんが亡くなっていて、お母さんとアマドゥくんが働いて弟や妹を育てていかなければならないため、「生活ができないから、それはムリ」という返事でした。アマドゥくんの残念そうな表情を見て、「この家は時間がかかるかもしれない」と思いながら帰国したのです。ところが次にガーナを訪れたとき、「アマドゥくんは学校に行けるようになったよ」という知らせがあり、再び会いに行きました。お母さんに、「なぜ彼は学校に行けるようになったの？」と聞くと、「カカオ畑は親戚に手伝ってもらうことにしたのよ」と。

「それって、もっと前からできたことなのでは？」とそのときは思ってしまったものの、よく考えてみると、人は辛いときや困ったとき、知らず知らずのうちに孤立しているものです。その結果、「困っているから助けて」とＳＯＳを出すことすら忘れてしまう。児童労働に限らず、私たちの身近にも同様のことはあるように思います。解決策はじつは私たちの中にある。にもかかわらず、「自分には何もできない」と思い込んでいると、最初からあきらめたり、「誰かがやってくれるだろう」と、他人任せにして、解決されるのを待ってしまう。反対に「自分には何ができるだろう？」とものの見方を変えてみると、見える景色が変わり、これまでは存在すら忘れていた可能性や選択肢、その向こうにある「チェンジの扉」が見えてくる。すると、「自分には手が届かない」と思っていたことにも、どんどんアクセスできるようになるのではないか、と思うのです。チェンジの扉を開いた人と、そうではない人。その違いは、じつはそう大げさなものではなくて、ほんの些細な「気づきの違い」だけなのかもしれません。

ガーナの村に見た「豊かさ」

ＡＣＥの活動を通じて、みるみる変わっていった人たちの姿に数多く触れてきました。それがＡＣＥという団体を続けていく大きなモチベーションになっているのは言うまでもありませんが、じつは私も、インドやガーナで出会った人々のおかげで、自身の「チェンジ」のきっかけを見つけた一人です。前述の「スマイル・ガーナ プロジェクト」を発足させた２００９年当時、東京でひとり暮らしをしていた私は、夜遅くまで仕事をして、帰宅後も夜更かしをし、翌朝は出勤ぎりぎりまで寝ているような毎日でした。あまりに忙しくしていたせいか、耳の病気を患うなど、体調を崩したことも。走り続けて、ふと気づくと30代も半ばになり、周りの友人は結婚し、子育てをしている人がほとんどでした。結婚への焦りも感じて、お見合いパーティーに行ってみたりしたこともありました（第５章に登場する、代表の岩附に強く勧められてですが……笑）。

そんなとき、プロジェクト前の調査でガーナのアシャンティ州のある村を訪れました。後にプロジェクトを行うことになる、カカオ生産が盛んなこの地域は、児童労働の状況が厳しく、行政サービスがほとんど届かず、電気や水道も通っていませんでした。村の人たちはバケツをくみ上げる方式の井戸から水を運び、調理や飲み水、水浴びなどに使用します。

プロジェクトでは、村の空き家を一軒借りて改装し、事務所兼宿舎として使っていました。私が村を訪ねる際もそこに滞在し、蚊帳を張ったベッドに寝たり、貴重なバケツ一杯の水で、入浴を済ませたりしていました。幸運にも、おいしいごはんを作ってくださる女性が見つかったので、食事づくりは毎回その方にお願いしていました。

ガーナで最もポピュラーなメニューは、「フフ」と呼ばれる伝統料理。ヤムイモとプランテン（調理用バナナ）を蒸して、お餅のようにつぶした主食を、肉や魚の入ったスープと一緒にいただきます。電気やガス、かまどなどもないので、村の女性は一日中料理をしているようなものです。「フフ」を私たちに作ってくれるだけでも、かなりの重労働であることを知ったとき、「そこにある豊かさ」にも気づきました。私たちが来るとなると、みんな喜んで会いに来てくれる。「また来てくれたね」と、熟れたマンゴー

ヤムイモとプランテン（調理用バナナ）を蒸してつぶす。お餅に似たガーナの主食。

やバナナを持ってきたり、新鮮なフフのスープを作るために、そこらを走り回るニワトリをしめてくれたり。東京で、コンビニ弁当を食べながら仕事に忙殺されている自分の生活を振り返ると、「本当の豊かさって何だろう?」と疑問を感じずにはいられませんでした。

ある日、お昼どきに訪問した学校近くの家の前に腰かけて、ぼんやりと休憩していたときのこと。その家のお母さんが農作業を終え、収穫したイモや野菜でいっぱいの重たそうなカゴを頭に載せて帰ってきました。カゴを下ろし、顔を上げたその女性の額にはキラリと光る汗。その姿が、私にはとても美しく見え、周りの風景もキラキラと輝いて映りました。「自分が生きていく糧を自分で作るというのは、なんと尊いことだろう」と、感じた瞬間でもありました。

本当に必要なものだけでいい

ガーナの滞在中は炎天下、一日中外を回って村の視察をします。そのため、ある年に熱中症になってしまったことがありました。電気はないので

©ACE

この女性の一瞬の表情が私の「チェンジ」のきっかけとなった。

扇風機もなく、熱にうなされ死にそうな思いで寝ていると、村長さんが薬を買ってきてくれました。おかげでなんとか翌日には落ち着いたのですが、まさに身をもって「過酷な生活」を体験した出来事でした。

日本には電気もガスも水道もあって、インフラは整っているけれど、果たしてガーナの村のようなコミュニティは機能しているだろうか。出身が仙台で、東京でひとり暮らしをしていた私にとって、周囲の人に「守られている感」は、東京にいるときよりも、むしろガーナにいるときに感じることの方が多かったと思います。また、ガーナの村の生活では、人間も自然の一部であり、太陽の動きに合わせての生活は体に無理がない、ということにも気づかされました。村での暮らしは、日の出とともに朝5時ごろから始まって（ニワトリの鳴き声で目が覚めます）、日が暮れたらご飯を食べて、夜9時頃には眠りにつくというサイクル。「人間って、そもそもこういう生活が合っているんだろうな」と思うほど、なんとも身体に心地いいのです。五感のアンテナがつねに立つような環境に身を置くと、体の細胞がごわごわと蘇ってくるのを感じました。

それでも日本に戻ると、目の前に広がるのは、モノにあふれている自分の部屋。ガーナの人々がたくましく生きている姿を思い浮かべたとき、人が生きるために必要なことは、たくさんのモノではなく、家族だったり、コミュニティだったり、人々の温かい絆ではないかと考えました。婚活パーティーも、不要なモノに囲まれた生活も、これからの自分にはもう必要ない。自分にとって本当に大切なものさえあればいい、これからはもっとシンプルに生きていこうと決めたのです。

「一生ひとりで生きていくことになっても、いいことにしよう」

そう覚悟したのもこのときです（笑）。ところが不思議なもので、不要なものを削ぎ落とした途端、スルスルと出会いがあり、結婚することもできました。ガーナで農業の尊さに気づいてから、日本の農業について学びたいと思い、朝活のクラスに通うようになった先で、農業に携わる今の夫と出会ったのです。そして今、私は田んぼや畑に囲まれた東京近郊の田舎で、夫と娘の3人で暮らしています。娘が生まれてからは、いつのまにか夜は9時過ぎには寝室に入り、朝5時半頃には起きる生活になっていました。それは、かつて体験したガーナでの生活と重なって見え、近いかたちで実現できたことを幸せに思いました。

自分は社会の一部

「子どもたちを児童労働から救う」というスローガンを掲げ、ACEの活動を行ってきたものの、その内容を誰かに説明するとき、その本来の意義を伝えきれない違和感を感じていました。周りからは「過酷な環境で、解決しなければならないことが山のようにある人たちのために働いている」と思われているかもしれませんが、そういう感覚は自分にはなく、日本の都心にはない豊かさを享受して、じつはこちらが癒されていたというのが本当のところかもしれません。先進国の日本で暮らす私たちと、途上国で暮らすガーナの人たち。どちらが恵まれているか、どちらが豊かであるかを比べるのではなく、両者が双方向に交流しながら、お互いが生きる目的を探すヒントをもらい合っているのだと感じています。

「私たちは、子ども、若者が自らの意志で人生や社会を築くことができる世界をつくるために、子ども、若者の権利を奪う社会課題を解決します」

これは、団体の設立20周年にあたり、あらたにしたACEのパーパス（究極的な存在意義）です。「自らの意志」と言っても、それが何なのか自分で気づくことは、難しいことのように思えるかもしれません。でも人は誰でも、「自分はこうありたい」「こんな社会だったら暮らしやすいのに」という願いを持っているのだと思います。人生の早い段階でそのことに気づくことができれば、より自分らしい人生、そして生きやすい社会のために、お互いに協力し合うことができるようになるのではないでしょうか。

先行きの見えない不透明な時代に生きる私たちにとって、人や社会とつながって暮らすことは、ますます大切になっていると日々実感しています。とくに、今の若い世代の人たちは「共存」することはあたりまえと捉え、「自分は社会の一部である」というアンテナも磨かれているように思えます。私自身、これからもガーナやインドをはじめ、関わっていく様々な人々を通じて、自分と社会のあり方へのヒントを見つけていきたいと思っています。

第2章

勇気をくれる出会い

ACE経理・総務　チーフ

坂口志保

坂口志保

Shiho Sakaguchi

1982年生まれ。鹿児島県出身。高校2年生の冬、1枚の写真に出会う。大きな瞳を輝かせた女の子の笑顔とは対照的に「『女の子だから』というだけで、学校に行けない子どもたちがいます。」という言葉にショックを受け、服飾の専門学校から国際開発学部のある大学へ進路変更。在学中カンボジアでのボランティアを経験。大学卒業後、アパレル企業の人事部で約5年勤務。高校生のときに出会った写真が自分の原点となり、NPOサポートセンターの研修を経て、2012年経理・総務担当としてACEに入職。全体の予算管理や組織部門の進捗管理などを行う。

偶然見つけたユニセフの新聞広告（提供／坂口志保）。

”チェンジ“の源

私にとって人生最初の「チェンジ」は、高校2年生。17歳のときでした。ある日、偶然見つけた新聞広告に目を奪われたのです。それはユニセフの一面広告。アフリカの女の子が机に向かって勉強している様子の写真でした。キラキラした瞳で、笑顔を見せている女の子の表情と、その下にある『『女の子だから』というだけで、学校に行けない子どもたちがいます。」というコピー。このギャップは、当時女子校に通っていた私に大きな衝撃を与えました。当たり前のように学校に通っている自分。一方で、自分と同じ女の子なのに、学校に行けない子がいる。世界では一体何が起こっているんだろう？　自分が置かれている環境と、遠い国で起こっている現実の違いについて、すぐには理解が追いつきませんでした。

ユニセフの広告写真に出会う以前、夢はスタイリストになることでした。私には7歳と5歳、歳の離れた姉が2人おり、洋服はいつもお下がり。近所にも年上の女の子がたくさんいたので、そこからのお下がりも多く、お姉さんたちの名前が付いた服をよく着ていました。自分の欲しい新品の洋服はなかなか買ってもらえなかったのですが、たまに買ってもらえる服が、私をワクワクさせ、心を弾ませていることに気がつきました。「もっと自由に、自分の好きな服でコーディネートしたい」と思い、おしゃれをすることや、洋服への関心を持つようになったのです。

高校卒業後は服飾専門学校に行きたいと思い、ファッションショーなどのイベントがあると、学校を早退して見に行くほどでした。でも、前述の広告の女の子と出会ってから、それまで考えていた進路希望が急速に薄らいでいきました。それだけ自分の中でインパクトが強かったのです。「私がなりたいものは、スタイリストじゃないのかもしれない」

ちょうど将来について考えはじめる頃で、「自分は何のために生きていくんだろう」「何で生きているんだろう」という、そもそもの問いがあったのかもしれません。そのとき私は、この広告を切り抜いて取っておこうと決めました。

物がなくても豊かな国

写真の女の子の瞳は、私をこれまでとは違う興味関心へと引っ張っていきました。高校卒業後は服飾専門学校ではなく、途上国について学べる大学の国際開発学部に入学。大学で出会った友達の多くは、熱心に海外でのボランティア活動を行っていました。そこで刺激を受け、勇気をもらった私は、大学2年生の夏にカンボジアでのボランティアに参加することを決意。初めての途上国でのボランティアは、とても楽しい体験でした。

訪れたのはカンボジア北西部、クメール王国のアンコール遺跡で知られるシェムリアップの郊外にある村です。その村には公立の小学校はなく、子どもたちの学校は、村長さんの家の前にある広場に黒板と机と椅子が置かれただけの、壁も屋根もない青空教室でした。青空の下、勉強できるなんてなんと気持ち良さそうな教室、と思っていたら、あるときスコールが降ってきたのです。子どもたちは一斉に走りだし、高床式の村長さんの家の下に潜り込み雨が止むのを待ちました。濡れた机では勉強できないので、その日の授業は終了です。「子どもたちはみんな家の仕事をしているから、朝2時間ぐらいしか授業を受けに来られないんだ。まずはここへ来ることから始まるんだよ」とも聞きました。「自分の目で途上国を見てみたい」という思いが半分、観光目的が半分。ボランティアといっても、村では特別な労働をしたわけではありません。現地の子どもたちと触れ合って、ただ一緒に遊ぶだけでしたが、ジェスチャー混じりでのコミュニケーションはとても楽しいものでした（言葉はほとんど通じなかったのです）。

印象的だったのは、ズボンのゴムひも部分の布地が破れていた男の子。破れた部分を上手く活かして、その腰回りに石をたくさん入れていて、ズボンはボロボロなのにとても楽しそうに友だちとはしゃいでいました。たくさんの物であふれる豊かな国で暮らす人たちの表情と、物はなくても豊かに暮らしている人の表情。果たしてその違いは何だろうと、考えさせられたことを覚えています。

在学中も何度か、同じＮＧＯのボランティアに参加しました。そこで子どもたちの成長や、青空教室が立派な学校に変わるプロセスを垣間見たことで、「関わった村が変わっていく光景を見届けたい」という気持ちが生まれたのかもしれません。カンボジアでのボランティアの仲間とは、タイで買い付けた雑貨をフリーマーケットで売り、少額ながら、小学校建設の活動資金を集めたりもしました。その活動を通して気づいたのは、「自分が関わったおしゃれなもの、可愛いものを売ることで、誰かのためにもなっている、そういう仕事をしたい」という思いでした。とはいえ、「国際協力に関わる」といっても、国際機関などの仕事は難易度が高く、とても手が届きそうにない。少しでも好きなことで近しい仕事ができればと、大学卒業後は、もともと関心のあったアパレルメーカーに就職をしました。

大量消費への疑問

私は、人事部の配属になりました。ところがその会社で、「洋服の仕事に関わることで、誰かのためになりたい」という思いとは裏腹の現実を目の当たりにすることになります。シーズンごとに作り替えられ、売れ残ったら捨てられていく洋服と、買ったものは大切に着続けたいという私の価値観とのギャップ（捨てられる洋服を難民支援などの物資として提供するのは難しい、と当時聞きました)。さらに、洋服好きが高じて給料のほとんどを洋服の購入に充て、自分のためだけに働く社員たち。その驚くような金額を見るにつけ、私の中で違和感がどんどん大きくなっていきました。「私のやりたいことは、この人たちのために働き続けることなんだろうか」と、モヤモヤした気持ちがつきまといました。

あるとき、社長と社員が交流する機会がありました。事前のアンケートに「フェアトレード商品は扱わないのか」と書いたところ、その質問がピックアップされました。ところが社長の答えは「売れる物じゃないと成り立たない。そういうのは難しいから」というものでした。「売れる物にするのが私たちの会社の役割でしょ」と怒りがこみ上げてくるのと同時に、フェアトレードを扱うような新しい事業部ができて、そこで働けたら……というかすかな望みを持っていた私は、社長の回答にガッカリしました。

「ファッションにできることが、もっとあると思うんだけどなぁ」。自分のやりたいことと、現実の仕事内容とのギャップが日に日に大きくなるなか、就職して5年目の年、私は体調を崩しました。睡眠障害もあり、薬を飲まないと眠れない日が続いて休職することに。「私は、どういう自分でありたいの？」「自分は何のために、誰のために働くの？」

時間だけはたっぷりあったので、もう一度原点に立ち戻ろうと、自分の考えをすべて紙に書き出すことにしました。そこで出てきた言葉の中に、高校生のときの、あの新聞広告の写真の女の子との出会いが挙がりました。

「こういう子どもたちのために働きたい」

久しぶりに、しまい込んでいたあの新聞広告の切り抜きを取り出すと、写真の女の子はあのときのまま、キラキラした瞳で私を真っ直ぐに見つめていました。その力に押されるように、私の中で、「会社を辞めよう」という決意が固まっていきました。自分が行きたい方向は見えているのに、違うことに労力をかけるのはもったいない。苦しい時間ではありましたが、今思えば、そういうことを教えてくれた時間だったんだなと思います。

退職後はワーキングホリデーを利用し、カナダの語学学校へ（自分の考えをまとめたノートの中に、〝国際協力の仕事をするには、語学力が必要〟と書いていたので）。帰国し、これからの働き方を模索しているときに、ＮＰＯサポートセンター（※１）で研修生の募集があることを知りました。

※1　ＮＰＯ、公共、企業の枠を超え、社会課題を解決する人材を育成する日本初のＮＰＯ支援民営団体。

ＮＰＯサポートセンターでは、「ＮＰＯスタッフ養成研修」という授業を半年間受けることになりました。そこで、現場体験としてインターンに訪れた先がＡＣＥだったのです。

「チェンジ」の扉が開いたのは、そのときでした。研修期間が終わる間際のある日、留守番電話に「少し喫茶店でお話しする時間をもらえますか」というメッセージが。電話の主は、代表の岩附です。当時の経理担当の方が突然辞めることになり、急遽人を探さなければならず、私にやってもらえないかというお誘いでした。私は「経理の経験はありませんが、やってみたいです」と即答。「じゃあ明日からお願いします」とあちらも即答。すぐに私はＡＣＥのスタッフとしてフルタイムで働くことになりました。

あとで知ったことですが、国際協力のＮＰＯに入ってくる人のほとんどは海外での仕事が希望で（当然ですが）、「経理などの事務方で組織を支える人というのは、なかなか見つからない」という現状があるそうです。一方の私としては、前職の企業で管理部門にいた経験があるので事務職への抵抗はなく、しかも「学校に行けない子どもたちのために働きたい」という目的に近づくことができる絶好のチャンス。「あのときの坂口さんは、ＡＣＥにとっての救世主だった」と、後に岩附と白木（ＡＣＥ事務局長）から言われたときは、ＡＣＥとの縁を強く感じて嬉しくなりました。

「こうありたい」と思う自分のために、前職を辞めたこと。あのときの少しの勇気が、結果的に「チャンス」の扉を開けることにつながったのだと思います。

炎天下、コットン畑で働く女の子たち

一般企業とは異なるＮＰＯでの初めての経理の仕事。すべてが新しいことだらけで、覚えることが多く大変だったものの、前職のときのように、「私は何のために働くの？」と悶々とすることはなくなりました。ＡＣＥでの仕事の先には、あの新聞広告の女の子のような子どもたちがいる。それがモチベーションとなり、支えになっていたのでしょう。「チャンスの扉」というものは、一度開かれると、次の扉へとどんどん導かれるようにできているのかもしれません。私の仕事内容は経理と総務のほか、ＡＣＥ

の支援者の方々とのコミュニケーションなどを東京の事務所で行うことですが、ＡＣＥのスタッフとなって2年目の秋、「坂口さん、ちょっと喫茶店で話さない？」と、今度は白木から声をかけられました。

「じつは妊娠をしているので、次のインドへの出張が難しい。坂口さんに行ってもらえたら嬉しいんだけど……」

児童労働についていろいろと聞いてはいるけれど、実際はどうなんだろう。現地をこの目で見たい！　と思った私は、「行きたいです」と、このときも即答していました。

白木の代理で行くことになった出張は、アパレルメーカーや、コットンに関連する企業など7〜8社の方々に、児童労働の現状を知っていただくためのスタディツアーでした。ＡＣＥの活動を通じて、実際に児童労働が撤廃された村を訪れ、ブリッジスクール（※2）や公立小学校を見学。児童労働をしている子どもにも、初めてインタビューをしました。

炎天下のコットン畑で、受粉作業（※3）をして働いている女の子は表情が険しく、「頭痛がして気持ちが悪いときも、休めない」と話してくれたのですが、恐らく農薬のせいではないかと思われました。と言うのも、

※2　働いていた子どもが公立学校に就学するための学力や生活習慣を身につける補習学校。期間限定で運営を行い、プロジェクトスタッフが先生となり、子どもたちを指導する。

※3　この地域では、品種改良した種を栽培して種子会社に販売する農家が多く、その栽培には、手作業での受粉が必要となる。短期間に集中的に行うために、賃金が安く手先が器用な子どもたちが駆り出されることが多い。受粉期の約2〜3か月間は1日の休みもなく、朝8時から日没の夕方6時頃まで働き続ける。

コットン畑には農薬の袋が落ちていて、「使用の際はマスクとゴーグルと長靴を着用すること」という表示はあるものの、実際に守ることができている子は一人もいなかったのです。また、「ジニング」といって、綿と種を分離する作業を行う工場では、マスクもゴーグルも着けずに作業をしている男の子もいました。「この子たちの体は大丈夫なんだろうか」。初めて目にしたコットンの生産現場の光景は、あまりに過酷で衝撃的でした。

生き方をチェンジした女の子たち

ＡＣＥが活動を行っているインドのコットン生産地の状況について、少しお話ししたいと思います。コットン生産地の村の女の子たちは、小学校高学年くらいになると、自身や姉妹の結婚資金を稼いで貯めるために、学校をやめて働かざるを得ないケースが多く見られます。そしてインドには「ダウリー」という結婚持参金制度があります。現在は法律で禁止されていますが、いまだに慣習として残っている地域があり、婚姻時に女性側から男性側にお金などを渡さなければいけないのです。

収穫された綿花（左）。

ダウリーの金額は教育を受けるほど、つまり女の子の教育レベルが上がれば上がるほどより高額になり、そのため村ではどうしても、「女の子は教育を受けなくていい」という発想が生まれやすいのです。結婚するためにお金を払わなくてはならない上に、結婚した先でも、女の子は労働力としてしか見られない。女の子を持った家庭にとって、女の子は必然的に経済的負担でしかないのです。私たちが活動している農村地域も、このような女性差別の文化が色濃く残っています。

ＡＣＥのインドでの重要な活動のひとつに、女子を対象とした職業訓練センターの設立と運営があります。義務教育を受けられなかった15～17歳の女の子たちが、自立したテーラー（仕立て屋）になるために、サリー（インドの民族衣装）などを作るスキルを習得したり、読み書きなども学んだりできる場です。通うのは、かつては毎日炎天下のコットン畑で児童労働をしていた女の子たちです。職業訓練センターに通い始めて仕立てができるようになった彼女たちは、自宅を訪ねると、メジャーを首から提げて、支給されたミシンを誇らしげに見せてくれました。私たちが視察に来ることを知っていたのか、刺繍やビーズがついた美しいサリーを身にまとった

©ACE

職業訓練センターに通う女の子。

彼女たちは、とても可愛らしく、華やいでいました。「私はこのミシンで、この（自分の）サリーを作ったの。妹の分も全部作ったのよ」

児童労働を乗り越え、今は自信に満ちあふれた表情で、自分が「誇らしい」と思えることを見つけている。『女の子だから』というだけで、学校に行けない子どもたちがいます。」という、あの新聞広告のコピーを思い出しながら、目の前にはもうチェンジした女の子たちがいる。学校に通えるようになり、新しい選択肢を得た女の子たちを目の当たりにした私は胸がいっぱいになって、車に戻った途端、涙がぶわーっとあふれて止まらなくなったほどでした。

ガーナで垣間見た「現実」

インドの出張体験がきっかけになり、ACEの仕事について、さらにモチベーションが高まっていきました。スタッフ面談の際は、「ACEが関わっているインドのコットン、ガーナのカカオなどを輸入して、日本の企業で商品化する事業などもやってみたい」という希望を話していました。

そんな折、２０１７年の冬、本書のインタビュー取材でガーナ出張に行くことが決まったのです。でも、アシャンティ州の小さな村に住むシャロンちゃんという19歳の女の子のことは、思い出すと今も複雑な気持ちになります。彼女は家庭が貧しく、ずっとカカオ畑で働いていたのですが、ＡＣＥのプロジェクトが始まって学校に行けるようになりました。「学校に通うようになって、最初は先生に質問できず、ずっと友達の後ろにいたけれど、直接聞けるようになった」「早起きができるようになって、だんだん出席率が上がった」「学校の先生になりたいと思うようになった」など、嬉しそうに話してくれた女の子です。

　私がガーナを訪れたとき、シャロンちゃんはすでに中学校を卒業していたので、お祝いの気持ちも込めて、卒業証書を持って写真を撮ろうと勧めたところ、「証書は受け取っていない」と言うので驚きました。「学校の先生になるために高校に行きたいけれど、家族を養っていくために、進学をあきらめないといけない。でも本当はもっと勉強を続けたいから、卒業証書なんてもらいたくない」と言うのです。「どうして先生になりたいの？」と尋ねると、「私にはその才能があると思うから。それは、神様からのギ

シャロンちゃん（左から3人目）とその家族。

フトだと思う」。その言葉に、とても強い意志を感じました。本当なら、もらって嬉しいはずの卒業証書。でもそれを受け取らずにいるのは、彼女なりの抵抗なのか、怒りなのか、あるいは意思表示なのかはわかりません。今はテーラーの仕事に就くために勉強していて、そのことについては明るく答えてくれたものの、将来の話になると、どこか「もう夢は途絶えてしまった」と感じている印象を受けました。自分自身で「才能がある」と思えるものは何かをせっかく知り得たのに、夢に向かってチャレンジができない。そんな目の前の子の希望を叶えてあげられない、自分の無力さ……。義務教育である中学校まではＡＣＥのプロジェクトでサポートできても、「はい、学校行けたね」で終わりではない。そこから先は自分たちの力だけでは解決できない課題もあるという現実を突き付けられた思いでした。帰国後、その思いを白木に打ち明けたとき、「そういう現実やジレンマに向き合わなければならないことも、この仕事の一部だよ」と教わりました。たとえば、誰かが個人でお金を出せば、シャロンちゃんの高校に行きたいという夢は叶うかもしれない。でもそれはＡＣＥが目指す解決ではないし、そのお金を払うことはできない。「その子個人」に対してただ解決策を与えるのではなく、もっと大きなインパクトを生みだせる方法を見出していく。それが私たちの仕事なんだよ、とも。

前述のように、インドでは女の子のための職業訓練センターを作ったことによって、問題解決の突破口がひとつ開けました。「ガーナにも、学齢期を超えた子どもたちの夢を叶えるしくみを作る」というのが、現在のＡＣＥの課題の一つだと思っています。巻頭でも触れていますが、２０１８年現在、ＡＣＥでは新たな存在意義（Purpose）を掲げて、さらに活動を広げていこうとしています。私の存在意義を教えてくれたのは、高校生のときに出会った、新聞広告の中の女の子でした。あの少女に出会えていなければ、今の私はいません。あの新聞広告には、私の人生の目的が凝縮されていたのだとあらためて感じています。「何かが違う」とか「思い通りにできない」と壁にぶつかったとき。進むべき道がわからなくなったとき。その先にある人生の目的を見つけるヒントには、きっとどんな人も平等に出会うことができるはずです。インドやガーナで出会った女の子たちにも、日本で暮らす私たちにも。そのヒントに気づくことができれば、「ありたい自分」に近づくための小さな勇気が湧いてくるのかもしれません。

第3章

小さなきっかけの大きなチカラ

ACEガーナプロジェクトマネージャー
近藤　光

近藤 光

Akira Kondo

1973年生まれ。神奈川県出身。小学校のころから漠然と「世界」に興味を持っていたが、高校、大学では陸上競技に打ち込み、「世界」とは無縁の生活を送る。その後大学を留年したことを機に再び「世界」に関心が芽生え、意を決して大学院に進学しアフリカ政治を研究する。それをきっかけに青年海外協力隊に参加しガーナとウガンダに滞在。その後公益法人嘱託職員、土木コンサルタント会社のウガンダ駐在員を経て、2012年より現職。「スマイル・ガーナ プロジェクト」の進捗管理ほか、政策提言活動や学校での講義などを行う。2014年より市民ネットワーク for TICAD世話人。2016年より関東学院大学非常勤講師。

小さなきっかけが生んだ「チェンジ」

私はＡＣＥのスタッフになる以前からアフリカをはじめとする国際協力の仕事に関わっていました。とりわけ青年海外協力隊員として滞在していたガーナでの出来事は、今も忘れられない光景として心に刻まれています。

２００５年当時、ガーナ北部にあるタマレという町に赴任していた私は、自分が住んでいた家の玄関先に防犯対策として、蛍光灯を付けることになりました（少し前に泥棒が入ったことで、家の電灯が壊れていたのです）。それは、地域でもっとも明るい蛍光灯になったこともあり、いつしか家の前に近所の子どもたちが夜な夜な遊びにやって来るようになりました。おしゃべりをしたり、遊んだり、何かと騒がしいこともあって、当初は「静かにしなさい」とよく注意をしていたのですが……。

任期が終わろうとしていたある日のこと。その蛍光灯の下に、子どもたちが大勢集まっていました。見ると、年上の子が小さな子どもに、黒板を使って勉強を教えているではありませんか。蛍光灯をひとつ取り付けただ

ガーナ共和国 Republic of Ghana

人口:2,880万人（2017年:国連人口基金）
首都:アクラ
言語:英語（公用語）、各民族語
宗教:国民の約70%がキリスト教、イスラム教は約17%、
その他伝統的宗教など
主要産業:農業（カカオ豆）、鉱業（貴金属、非鉄金属、石油）
／外務省ホームページより

けで、子どもたちは自ら勉強するようになったのです。

協力隊の活動では、住民向けのワークショップや井戸の掘削、トイレの建設、栄養改善プログラムなど、様々な活動を行いました。けれどそれらの活動よりも、この出来事が、私にとっては、ガーナでの活動の中の一番の「成果」のように思われました。たとえ小さなきっかけでも、チャンスさえあれば、子どもたちはいろいろな可能性をつかむことができる。私はそれまで決して子ども好きとは言えなかったのですが、この出来事を機に、子どもたちのためにもっと仕事をしたいと思うようになったのです。

開発援助のコンサルタントからNPOへ

協力隊でガーナに滞在した後、東アフリカ・ウガンダでの短期青年海外協力隊、さらにはアフガニスタンの農業関連プロジェクトを経て、再び私はウガンダで政府開発援助（ODA）（※1）事業の開発コンサルタントとして働くようになりました。ウガンダで担当していたのは橋の建設プロジェクトの調整員の仕事でした。ODAの事業は国が国家予算を使って、

※1　政府資金で行われる、開発途上国などに対する援助・協力。

援助する相手の国の公的事業を行うため、政治的色合いが濃い仕事です。どちらかというと一般市民よりも、橋を建設する施工主、つまりは政府の顔を見ながらする仕事でした。

国際協力の仕事ではありましたが、「これが本当に自分のやりたかったことなのだろうか」という葛藤は、日ごとに大きくなっていきました。もちろん、橋ができれば市民の生活も便利になるし、それなりに多くの人の役には立っていたのでしょうが……。自分がやりたかったことは、「もっと、草の根レベルでの支援だったはずだ」と思い返すようになったのです。

もともと社会開発や民主的な政治、人権に興味があり、大学・大学院でもその分野を専攻していた私は、より人に重きを置く社会システムに関わりたくて、次の仕事を探すことにしました。前述した蛍光灯の出来事が印象的だったこともあり、「もう一度、ガーナで仕事がしたい」とも思っていたのです。そこで偶然見つけたのが、ガーナでの国際協力に携わる求人を募るＡＣＥのウェブページでした。よく見ると、すでに締め切りの３日前。でも、「ダメもとでいいから受けてみよう」と思い立ち、急いで履歴書を送りました。そんな状況でのエントリーだったため、今だから言えるのですが、ACEがスタッフに女性が多い団体であることも、児童労働についての現状も、じつはよくわかっていませんでした。それでもなんとか無事に採用になり、今日に至っています。

前職を辞め、ACEに入った当初は周囲から、「どうして条件のいいコンサルの仕事を辞めてNPOに入ったのか」「普通は順番が逆。珍しい」と、よく言われたものです。当時、私の面接を担当したのは、現在の事務局長の白木だったのですが、「これまでのキャリアの中で、いちばん手ごたえを感じたのは、ガーナの自分の家に蛍光灯を付けたときに起こった出来事、という話がとても印象的だったから」と、後日採用の理由を教わりました。

実際にACEのスタッフとなり、入職後すぐに訪れたガーナでは、新鮮なショックを受けました。現地の人たちというのは、こんなにもこちらの提案に対して、真っ直ぐにこたえてくるものなのか、と。前職は「国際協力」とはいうものの、政治やビジネスの要素の方が大きく、いかに自分の国や企業としての利益を得るかという、生き馬の目を抜く戦いの現場でした。かつて、国際協力を学んだ大学・大学院で語られていたような「こういうふうにすれば、現地の人たちは喜んでくれる」という理想論は、もはや机上の空論だ、と思っていたほどです。しかし、ＡＣＥのスタッフとして関わる活動は、自分が思い描いていたような「草の根レベルでの支援」でした。村の人たちが子どもたちのために、児童労働の撤廃に真剣に向き合おうとしている。その姿を目の当たりにして、こんな世界があったのかと、にわかには信じることができませんでした。

前職とのいちばんの違いは、やはり「人」。現地で一緒に働く人たちとは、ぶつかることもあります。でもそれは、損得のない真剣なぶつかり合いで、「いかに自国や自分の利益を守るか」という争いとは、まったく質が異なります。「子どもたちのために」と、こちらが本気になって取り組めば、相手にも伝わる。どんな仕事にも当てはまると思いますが、利益が絡んだしがらみや、下心など個人的な上昇志向が絡んできた途端、相手も敏感にそれを察知するのではないでしょうか。「この人はお金儲けだけが目当てだな」とか、「こちらをダシに使おうとしているな」とか。ＡＣＥの活動でも、もちろんぶつかり合いや駆け引きは多々ありますが、同じ目標を共有していることで、すぐにまた同じ方向を向いて仕事をすることができます。

明るく豪快なガーナの人たち

私が魅了されたガーナの人々について、少しお話ししたいと思います。

西アフリカに位置するガーナ共和国は、金や木材、カカオ豆の産出で知られ、2010年からは原油生産も開始され、国際的に大きな注目を集めています。とくに首都アクラでの経済発展は目覚ましく、アフリカの中では比較的安定している国と言えるでしょう。二大政党制が機能しており、日本よりもある意味、民主主義が成熟している国のようにも見えます。

宗教は、国民の半数以上がキリスト教です。次に多いのがイスラム教ですが、宗教の違いを超えて、同じ村の中でも仲良く暮らしているのが特徴的です。「キリスト教とイスラム教が共存すれば、その両方の恩恵を受けられる」→「だから、仲良くした方が得だ」というのは、ガーナ人特有の考え方かもしれません。だから、ラマダンもクリスマスもバレンタインも、アッラーの神のお祝いも全部認め合う。さっきモスクでお祈りをしていたのに、終わったと思ったら「バレンタインのギフトはどこ?」と聞いてくるおばあちゃんがいたり、ツッコミどころも多いのですが（笑）、そこには「明るくて豪快で、憎めない人たち」という、ガーナの国民性がよく表れていると思います。

児童労働問題についても、他のアフリカの国では、「子どもにそこまで気を遣っていられないよ」と言われることが多いと聞いています。しかし、「子どもを大切にする」という意識が高いガーナでは、なぜ児童労働がいけないのかという話をきちんと伝えれば、比較的受け入れてもらえるケースが多いように思います。そういう意味でもガーナは、教育熱心な国といっても間違いではないでしょう。

私がＡＣＥで担当しているのは、ガーナでの児童労働撤廃プロジェクト「スマイル・ガーナ プロジェクト」です。連携してプロジェクトを実施している現地ＮＧＯのスタッフと一緒にガーナの村へ出向き、実際に児童労働に直面している家族のもとを訪れて事情を聞き、説得を試みるのです。

恥ずかしい話ですが、以前、青年海外協力隊でガーナに住んでいたときには、児童労働についての問題意識は全くありませんでした。なので、学

ガーナの農村部は水道が完備されていないことが多い。

校がある時間に子どもたちが村にいても、「元気そうにしているな」くらいにしか思っていなかったのです。しかし、ACEの活動を通じて児童労働の根本的な問題を理解するにつれ、子どもが学校に行かずに働いているという光景は、180度違うものとして私の目に映るようになりました。

たとえば、「子どもの人身売買」という問題。人身売買と聞くと、「親が子どもを売る」「子どもがさらわれる」といったイメージが強いのですが、実際は「親戚や知り合いの家に、労働力と引き換えにあずける」というのがもっとも多いケースです。日本の風習でいう、「口減らし」に近いものというと、わかりやすいかもしれません。たとえば経済的に貧しい家庭の場合、カカオ畑を持つ親戚の家に子どもをあずかってもらえば、残った家族や子どもの食いぶちを確保することができる。あずかる側も、カカオ畑で働いてもらえるなら、子どもの食事くらいは面倒をみようとなる。凶悪犯罪のようなイメージとは違って、現地ではむしろ「人助け」の意味合いが強いのです。「来てもらえると助かるので引き取るよ」「引き取ってもらえたら、こちらも助かるよ」という、ガーナでは当たり前のように続いてきた風習だったわけですが、そもそも教育を受けるべき年齢の子どもを学校に行かせず、労働をさせることも、労働目的で人を取引することも法律に違反します。現地の人たちには、法律や「人身取引」によって起こる本質的な問題を理解してもらうことが、児童労働撤廃の第一歩になります。

対立していた村が和解

「児童労働から生まれる悪循環」については、一家族だけの問題ではなく、村全体の問題として断ち切らなければ、根本的な解決にはなりません。さらに言うと、本来は行政が取り組むべき問題でもあるため、村全体で行政にかけ合うことが必要になります。経済的な困窮という現状がある中で、子どもを学校に行かせると、今度は働き手がなくなる。そういった根深い問題を解決に導くことも、私たちＡＣＥのミッションです。そのためには、村落開発やコミュニティ開発の必要性もあることから、家族の説得のみならず、村全体で話し合いを行い、「村の問題は、村の人たち自身で解決する」方向に持っていくようにします。

私がいちばん驚いたのは、長い間ずっと長老同士が対立していた村での出来事です。私たちが児童労働撤廃のための話し合いの機会を設けたことにより、なんと長老同士が和解したというではありませんか。当初、「ここは長老同士が対立しているから、プロジェクトの実施自体が難しいだろう」と考えていたくらいでしたが、いつのまにか長老同士が話し合いをするようになり、すでに問題は解決していたのです。

私たちが手取り足取り、すべてのことに関わらなくても、小さなきっかけがひとつ投げかけられたことで、自分たちで解決する力が生まれる。それは、冒頭でもお伝えした「蛍光灯の話」にも通じることだなと感じました。

ガーナの人々の「チェンジ」ストーリー

ここからは、私が実際に体験した、現地の人たちの「チェンジ」ストーリーを紹介していきたいと思います。

プロジェクトを実施していた村に住むカカオ農家のクワメさんという男性は、とても人間力のある、器の大きい方でした。クワメさんは地主でもあったため、「うちの子どもをお宅で働かせてくれないか」という売り込

©ACE

和解した村の長老たち。

みがたびたびあり、受け入れざるを得ないケースが多かったといいます。

しかし、ＡＣＥのプロジェクトを通じて、人身取引や児童労働がいかに問題であるかということにクワメさんは気づきました。あるとき、「お母さんが病気で働けないから、また子どもをあずかってほしいというオファーがきた。でも『それは人身取引だ』と言ってその女の子を家に帰したら、きっとまた別のところに出されてしまうだろう」と言うのです。そこでクワメさんのとった行動を知り、私はとても驚きました。女の子を自分の家に引き取った上で、働かせることはせずに、学校に通わせているというのです。結果クワメさんは、中学の途中まで彼女の面倒をみました。地主という立場上、経済的にも多少余裕があったのでしょう。女の子の親にはさらに生活支援のお金も送っていたようです。その女の子は中学の途中で親もとへ帰り、職業訓練校へ入ったとか。中学はドロップアウトしてしまったけれど、クワメさんは彼女から「学校で学んだことを生かして、もっと自分を磨いて、より良い仕事に就きたい」と言われたそうです。「彼女を働かせずに学校へ行かせてよかったと思う」と言うクワメさんは現在、別の地域の女の子を引き受けて、同じように学校に通わせているといいます。

アマちゃんは同じ地域に住む女の子です。聞き取り当時は12歳で、両親が離婚し、祖母に育てられていたのですが、祖父が病気ということもあって、経済的にも貧しく、学校には一度も行ったことがありませんでした。

親戚のカカオ農園で住み込みで働いていた彼女は、同じ年頃の子が学校に通うのを見て、「とてもうらやましかった」と言います。その後祖母の家に戻り、家事と牛追いをしていましたが、「牛追いは女の子の仕事ではないから、恥ずかしかった」とも教えてくれました。

やがてアマちゃんは児童労働をやめ、学校に通えることになりました。きっかけを作ったのは、当時、同じ親戚の家で暮らしていた異母きょうだいのお姉さんでした。そのお姉さんが、「彼女を学校に行かせた方がいい」と、当初は学校に行くことに反対していた祖父母を説得してくれたのです。「ACEのプロジェクトを通じて、教育の重要性を学んだから」という理由から家族を説得したお姉さん。すると学校の先生も協力して特別補習をしてくれるようになり、アマちゃんのきょうだいも彼女のサポートをするようになりました。そして現在、15歳になった彼女は、勉強もよくできるようになりました。好きな教科は数学と英語で、上の学校への進学も視野に入れて考えるようになったとか。将来の夢は看護師で、「病気の人を助けたい」「村のクリニックを大きくしたい」と生き生きと語ってくれました。

一方、児童労働から解放されても、スムーズに学校に通えない子もいます。ACEのプロジェクトスタッフによる説得が実り、長い間従事していたカカオ畑での児童労働をやめたメアリーちゃんという女の子は、学校に通うことをずっと嫌がっていました。学校に行きたがらなかった理由は、「勉強についていけない」から。彼女はその時点で13歳になっていて、「その年齢で小学校の低学年に入学することは恥ずかしい」とも思ったそうなのです。親や先生、そして現地スタッフの説得にもかかわらず、メアリーちゃんは3年以上学校に行かないまま、家で家事手伝いをして過ごしていたのです。

現地では、彼女のような反応を示す子も少なくありません。同じ年齢の子どもでクラス分けをする日本とは異なり、ガーナの学校では入学時期が遅れることもあるため、同じクラスに様々な年齢の子どもが交ざっています。そのため、「年上であること」や「勉強に自信がない」ことに対して、どうしても引け目を感じてしまう子もいるのです。ところが、メアリーちゃんはその後、自分から学校に行き始めるようになりました。なぜなら、彼女の住む村ではほとんどの子どもが児童労働から解放され、周囲の友だちはみんな、学校に行くようになったから。友だちが楽しそうに学校に通う様子を見ているうち、「勉強についていけないかも」という恐れよりも、「自分も楽しい輪の中に入りたい」という気持ちが上回ったのでしょう。学校は、ただ勉強する場所というだけではなく、子どもたちにとって「生きる力」を身に付ける場所でもあります。「学校は楽しいところだよ」ということを伝えることも、私たちACEの大切な役割です。

隣接する村に暮らすコフィくんも印象的な一人です。両親が離婚し、家庭の都合で学校に行けなくなってしまったのですが、もともと機械いじりが好きな彼は、叔父さんの支援で技術系の職業訓練校へ進む機会を得ました。彼の場合は、教育を受ければチャンスが広がることに周りのおとなが気づき、学校に再び通えるようになったのです。

「カカオ農家を夢見る子」が増える未来へ

カカオについて私は、「もはや生産地だけの問題ではなくなっている」と感じています。チョコレートを消費する国があってこそのカカオ。ですから、生産地とチョコレートを消費する国をつなげて、両者が一体となって、児童労働を撤廃していくしくみを作ることが必要だと思うのです。そのためには、持続的にカカオが生産され儲かるしくみも不可欠です。

というのも、ガーナにおけるカカオ農業は非常にプライオリティの低い仕事で、みんなが嫌がる、やりたくない仕事ナンバー・ワンという残念な実情があります。しかし、ガーナにとってカカオは自国の財産。ですから、農業に対する価値観をより高めて、みんながもっと自発的に、前向きにカカオ農業に取り組めるような環境を作りたいと思っています（※2）。

私たちが活動している地域で「将来の夢は？」と子どもたちに聞くと、「医者になりたい」「銀行員になりたい」と言う子は多いものの、実際に夢を叶える子はほんの一部で、ほとんどの子がカカオ農家になるのが現実で

※2　世界全体のカカオの7割は、西アフリカで作られている。2016～2017年の世界のカカオ総輸出量は約469万トン。輸出国の第1位はコートジボワール（全体の42％）、第2位はガーナ（同20％）／国際ココア機関。日本に入ってくるカカオ豆の約77％は、ガーナから輸入されている。／日本貿易統計

す。「お父さんの後を継いで、立派なカカオ農家になりたい」と言う子もほとんどいません。だからこそ、医者や銀行員を目指す気持ちと同じモチベーションで、「カカオ農家になりたい」と言う子が一般的になるようにしたい。むしろ、「すべき」と思っています。なぜなら、みんなが「カカオ農業をやりたい」と言う社会になれば、そもそも児童労働という問題も起こらないからです。

生活のために子どもを働かせるのではなく、高い技術を持った後継者を育てるためにわが子を学校に通わせ、教育を受けさせる。それが当たり前の状況になるのが、これからのガーナの理想の姿ではないでしょうか。

そんな次なる「チェンジの扉」までは、まだまだ道のりが遠いかもしれません。でも、希望の光はすぐそこまで、もう見えていると感じています。

A Journey of Change

ネコに「人間は破壊する生き物だ」と
名付けた少女の夢は、獣医になること。

写真・安田菜津紀

親の離婚で貧しくなり、通学をあきらめていたシャーロット（右）。
ACEの支援で、再び登校するようになった。

カカオ畑で働いていたアマ。
家族や先生の協力で、
学校に通えるようになった。

ナタでカカオの実を削り、
中の果肉を取り出す。
取り出した果肉は、
バナナの葉に包んで
5日間ほど発酵させる。

発酵させたカカオ豆を6日間ほど天日干しすると、カカオ独特の香ばしい香りがしてくる。

カカオ農園の地主、クワメ。
自身の考えをあらため、
農園で働いていた子どもが
学校に通えるよう尽力した。

05
ECG
NS

機械いじりが好きなコフィ（中）。
叔父たち（両脇）のサポートにより、職業訓練校に通うようになった。

当初は学校に
行きたがらなかったが、
友だちの輪に加わることを選んだ
メアリー（右端）。

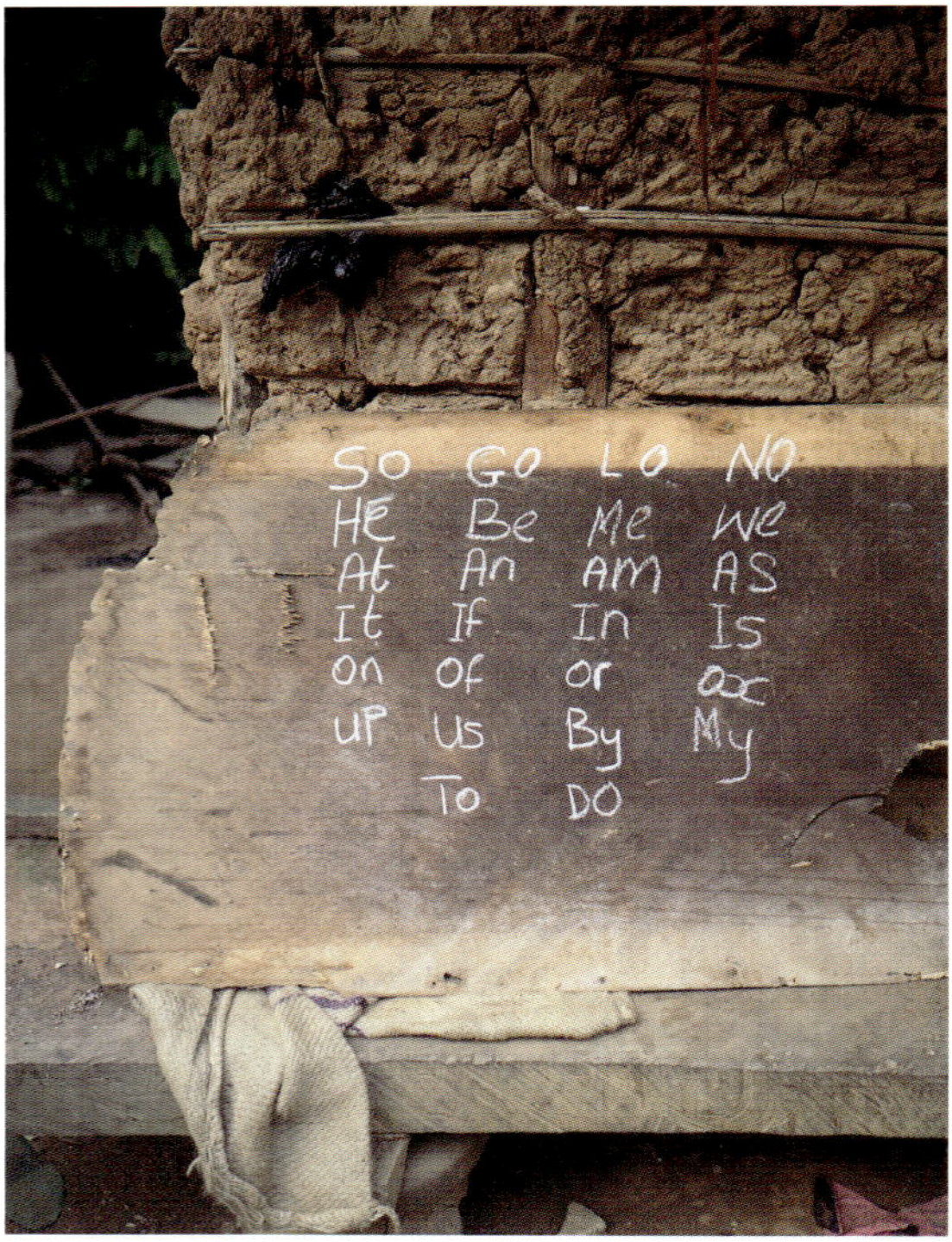

ガーナの村のベンチに書かれていた文字。
子どもたちは小学校から英語を学ぶ。

インドの村の昼下がり。

花が散って実がなると、
つぼみが膨らみ綿がはじける。
それらは白い花のようで
「綿花（コットンボール）」と呼ばれる。

収穫された綿花。

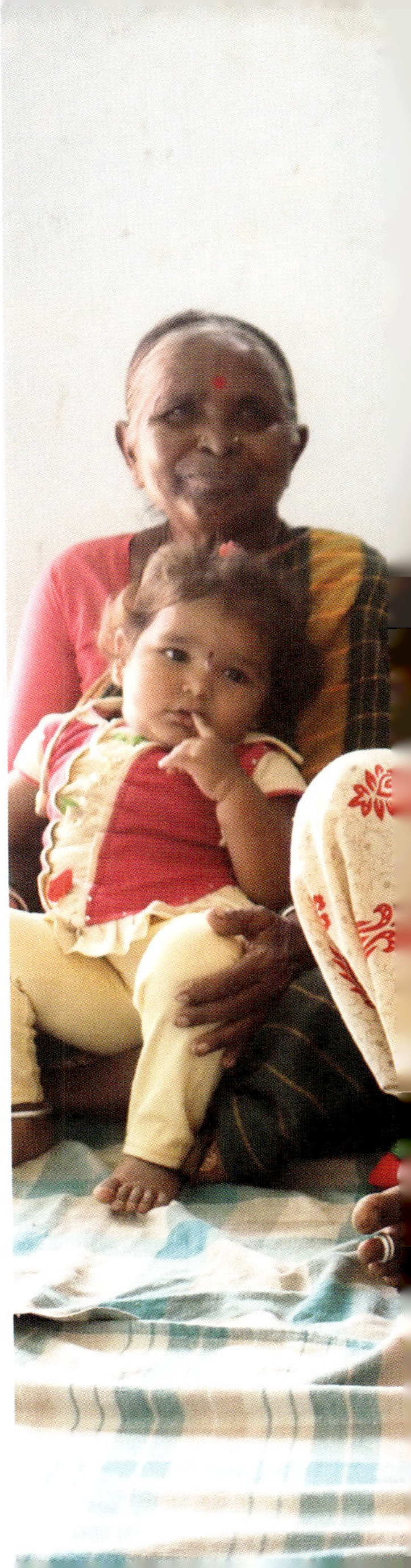

ブリッジスクールの1期生だったラクシュミ（右）。
将来は先生になりたいと言う。

職業訓練センターには、学校に通うことができなかった女の子たちが集う。

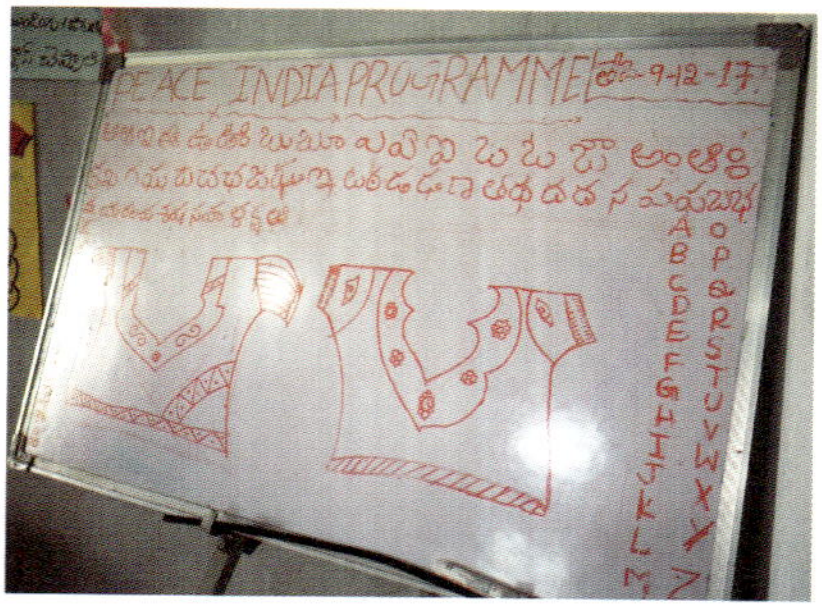

テーラー（仕立て屋）として
サリー（インドの民族衣装）を作る
スキルなどを学ぶ。

スキルを身につけたチッティー。嫁いだ後も、夫の家で仕立ての仕事を続ける。

「ブリッジスクールに
通うようになって、
初めて友だちと遊んだ」
と話す子どももいる。

ブリッジスクール、おやつの時間。いただく前にお祈りをする。

学びの時間。
先生は生徒に寄り添う。

A Journey of Change

Interlude

written by
Natsuki Yasuda

「私」という軸を広げて

安田菜津紀

「最初は一人年上の私のことを、からかったり馬鹿にしたりするクラスの子もいました。でもそれ以上に、分からない勉強を教えてくれた同級生がいたり、熱心にささえてくれた先生の力があったんです」

第3章で近藤光さんのお話に登場する、ガーナのアマちゃんの言葉です。

彼女は人身取引や労働により長らく学校に行く機会を奪われてきた女の子でした。そんな彼女は児童労働から救い出された後、日本でいえば小学校5年生の学年にいきなり編入することとなったのです。小学校5年生といえば、すでに小数の掛け算や割り算のような勉強が始まっている学年です。一度も学校に行ったことがない身でいきなりそんな難しい計算式を前にしたら、あっという間に心が折れてしまうかもしれません。

電気も水道もない家で生活している彼女は、夜になると小さなトーチの灯ひとつで宿題をこなします（P81写真）。一緒に暮らしている親戚の小さな男の子に、アマちゃんから学んだことは何かと尋ねてみました。彼は迷うことなく「強さ」と一言答えてくれました。こつこつと努力を続け、将来の夢に向かい着実に一歩一歩踏みしめるように進む彼女の背中は、次の世代の目標となりつつあったのです。

本書を作るにあたり、インドやガーナのＡＣＥ活動地にお邪魔し、出会った子どもたちそれぞれのこれまでの歩み、これからの望みについて伺いました。

インドではラクシュミちゃんという女の子（第4章に登場）が他の女の子たちを励まし、家族の意識まで変えていったように、すでにチェンジの連鎖が起きつつありました。学校に通えるようになった女の子のお家を訪れたとき、「孫が字の読み書きを教えてくれるんだ」と、嬉しそうに語ってくれたおばあちゃんの目の輝きが忘れられずにいます。生まれて初めて学校に登校した日の不安と期待、〝こんな人になりたい〟という大人との出会い、そして今胸に抱く将来の夢……。彼ら、彼女たちが発する生き生きとした言葉や、瑞々しい未来への希望に触れながら、ふと、自分自身の〝チェンジ〟は何だっただろうかと振り返りました。仕事への取り組み方だけではなく、生き方そのものを揺さぶられた出来事を一つ一つ思い起こしていくと、どうしても〝あの日〟の光景が脳裏に浮かんできます。

２０１１年3月、地震の揺れの影響で歪んだままの東北道を走り、北へ北へと向かいました。目指していたのは岩手県陸前高田市。当時、義理の両親がこの街で暮らしていたのです。朝日に照らし出された市街地は、累々と積み重なる瓦礫にどこまでも覆われていました。「生きている人がいたら奇跡かもしれない」とその場に立ち尽くした瞬間を、今でも鮮明に覚えています。

幸い義父は勤めていた県立病院の4階で一命をとりとめました。当時の病院は地震の影響で一部停電状態にあり、義父は看護師さんと交代で、重症の患者さんの人工呼吸を続けていたのだといいます。

「そこに波がどっと押し寄せてきてね。患者さんが横たわっているマットが波に勢いよく浮き上がったんだ。そこにしがみつきながら人工呼吸を続けたんだよ」

義父はなかば興奮気味に話していました。あのときの緊張状態が、数日経っても義父の中では続いたままだったのです。

一方、どの避難所を回っても、義母の姿を見つけることができませんでした。あっという間に2週間ほどが過ぎ、私たちはやがて避難所巡りをあきらめました。その先に待っていたのは、何十、何百ものご遺体が並ぶ安置所巡りでした。この場所に足を運ぶということは、義母と生きて会える望みを捨てることでもありました。

２０１１年４月９日、義母は市内を流れる川を９キロも遡った瓦礫の下で、地元の消防団によって発見されました。濁流にこれだけ押し流されてもなお、彼女は家族のように大切にしていた２匹の犬の散歩ひもを、その手に握りしめたままでした。この街が、そして東北が、あまりにも大きな悲しみに覆われていった震災後の日々を、今でも振り返らない日はありません。

私は夫と共にしばらくの間、市内の避難所を巡り、物資を届ける活動を続けていました。お年寄りが身を寄せていた集落の公民館では、小さなストーブを大勢で囲み、少しでも寒さを紛らわそうと皆手をさすり、真っ白な息を吹きかけその場をしのいでいました。底冷えする廊下を抜け外へと出ようとしたとき、一人のおばあちゃんに呼び止められました。

「あんたたち、カメラマンの仕事で世界中いろんなところに行ってるんだって？　外国のこと、教えてちょうだいよ」

窓の外の風景はまだ瓦礫だらけ、避難所内も日々の食べ物を皆に行きわたらせることに精いっぱいのときでした。そんな非常時になぜ海外のことを尋ねてきたのか、ただただ戸惑い、言葉を返せずにいる私におばあちゃんがこうおっしゃいました。

今まではどこかで起きた戦争とか災害なんて、どこか他人事だった。でも自分が家を流されてみて初めて、少しだけそんな人の気持ちが分かった気がするから、と。そのときは物資の運搬に追われ、おばあちゃんと深くお話をすることができませんでした。けれどもあのときのおばあちゃんの言葉が、心の片隅に残り続けました。

やがて市内には仮設住宅が建ち始め、避難所の方々は、ようやく日常を取り戻すための一歩を踏み出していきました。そんな仮設住宅の中でも、米崎小学校の校庭に作られた60

世帯の仮設住宅に、たびたび取材でお邪魔していました。小さな子どもたちから、お父さんお母さん、そして一人暮らしのお年寄りまで、幅広い世代が新しいコミュニティを築こうと力を持ち寄り合っていました。

私は被災地の取材と並んで、シリアから逃れてきた人々の取材も続けていました。シリア内戦が始まったのは2011年3月、東日本大震災の発災とほぼ同時期でした。時を経るごとにその戦禍は泥沼と化し、1200万人が家を追われ、人々は今でも国内外で不安定な生活を余儀なくされています。"中東"というと一年中暑いイメージを持つ方もいるかもしれませんが、特にシリアやその周辺国は、冬になると急激に気温が下がり、雪に見舞われることも珍しくありません。おまけに最も寒い時期が雨季と重なり、避難生活を送る人々をさらに厳しい環境に追いやっていくのです。

「きっと今年もシリアの子どもたちは寒い思いをしている」。そんなお話を仮設住宅の方々にしたことがありました。すると、「震災の日も雪が降ってたわ」「凍えて辛かったわ」と集会室でお茶飲みをしていたおばあちゃんたちが、口々に自分たちの避難生活を振り返り始めました。そしてそんなおばあちゃんたちの共感は、その場だけでは終わらなかったのです。その後、お母さんたち、おばあちゃんたち、そして自治会長さんご家族がこの仮設住宅で暮らす方々に呼びかけて、自分の子どもたち、孫たちが大きくなって使わなくなった服などを集めてくださったのです。

その数は段ボール10箱分以上にもなりました。ここで暮らす方々は皆それぞれ、避難生活中に物資を受け取った経験があるからでしょう。何をどう仕分け、梱包したら受け取りやすいかまで丁寧に気を配られ、子ども用、大人用、男女、上下、など、箱詰めされた時点ですでに細やかに仕分けされた状態になっていました。呼びかけ人になってくれたおばあちゃんの一人はすでに80歳近く、なんと避難生活が三度目、という方でした。第二次大戦中の空襲、１９６０年のチリ地震津波、そして２０１１年の東日本大震災……。けれども彼女は穏やかにこう語ります。「私はそれでも、国を追われるってことはなかったからね。きっとシリアから他の国に逃げた子たちの方が大変よ」

当時この仮設住宅で自治会長を務めていた佐藤一男さんはこうおっしゃいました。「自分たちは世界中からの支援で、ここまで立ち上がってきました。だから今度は〝恩返し〟ではなく、〝恩送り〟をしたいんです」

米崎小学校仮設住宅は２０１７年に解散となり、２０１８年3月には建物自体が解体されました。けれども佐藤さん一家はまだ、自宅の再建が叶っていません。そのためお隣の仮設住宅へと引っ越し、いまだ〝非日常〟の中を過ごしています。それでも自分たちのことだけにとどまらず、はるか遠くの地に心を寄せてくれたのはなぜなのでしょうか。

佐藤さんや、服を集めてくれた方々、そして震災直後に避難所で出会ったおばあちゃんは、シリアの熾烈な戦禍を直接目の当たりにはしていません。けれどもある日突然、故郷の姿が一変してしまい、当たり前のように日々を共に過ごしていた人々の命が奪われていく痛みを知っています。そんな想像力を少しずつ外へと広げた先に、寒空の下、テントやプレハブで過ごさざるを得ないシリアの子どもたちの姿があったのです。


思えば私自身もともとは、海の向こうで起きていることにほとんど興味、関心を抱けずにいました。ところが中学時代に相次いで父、兄を亡くしたことで、むしろ心の〝幅〟が広がったのです。

「全く違う環境で生きている同世代の子たちは、どんな思いで家族を見つめているんだろう？　貧困や紛争で家族がばらばらにされていくというのは、どれほどの痛みなんだろう？」

こうした思いを寄せるようになったからこそ、高校時代にカンボジアへと渡航し、それが今の仕事の原点となっていきました。こう書くと、共感や想像力には何か特別な体験が必要なのではと思われるかもしれません。もちろん、自身の経験が大きなきっかけや、思いを馳せる一助になることはあるでしょう。けれどもそんな分かち合いの力は、誰しもに備わっているものだと私は思っています。

例えば皆さんが一日の中で、最も大切な時間を想像してみて下さい。「私は友達といることが好き」という方は、こう想像してみて下さい。ある日突然、戦闘や災害によって大切な友達と引き裂かれ、次に会える日がいつ来るとも分からない状況に追い込まれてしまうことを。「勉強することが楽しい」という方は、ガーナで出会ったアマちゃんのこれまでの歩みに思いを馳せてみて下さい。真新しい制服に身を包んだ同級生たちを横目に、自分には働くという選択肢しか存在しないという環境を。一度も学校に行ったことがなかった彼女が、いきなり小学校5年生のクラスに編入したとき、どれほどの努力が必要だったのでしょう。

第2章の坂口志保さんのように「ファッションに興味がある」という人はこうも考えられるはずです。今自分が着ている服は、誰がどこで作ってくれたものなのだろう。この服は、インドのラクシュミちゃんのような子どもたちが体を壊しながら育てたコットンで作られているのではないだろうか。だとすれば、自分がどんな服を選んでいくかで、ラクシュミちゃんのような子どもたちの環境も変わっていくのではないか、と。

あるとき、私の講演会に来てくれた大学生に、世界の問題に興味を持ったきっかけを尋ねたことがありました。「私、とにかく美味しいご飯を食べている時間が一番幸せなんです！」という彼女は、ある日偶然目にしたテレビ番組で、難民キャンプの子どもが将来の夢を尋ねられ、「お腹いっぱい食べること」と答えていたことに衝撃を受けたのだといいます。まだ何が具体的にできるかは分からないけれど、まずは現状を知りたい、とイベントに参加してくれたのです。

私が陸前高田市で学んだのは、特別な経験よりもむしろ、誰しもが「私」という軸を少しずつ広げることができるという可能性でした。チェンジの種はすでに、皆さんの心の中にあるのです。誰しもがその種を育て、花を咲かせる可能性を秘めています。フォトジャーナリストという仕事を続けながら、どこか〝海外の問題は伝わりにくい〟とあきらめていた自分自身の価値観を、この街での出会いがいい意味で揺るがせてくれたのです。

ちなみにACEが販売していた「てんとう虫チョコレート」(※)、実は陸前高田の作業所「あすなろホーム」で梱包作業を続けていたそうです。

世界から東北へ、そして東北から世界へ。きっとこれからも縁が深まり、チェンジの種がそれぞれの色、形で花開いていくはずです。

※ 2009~2017年に販売した「しあわせを運ぶ てんとう虫チョコレート」。売り上げの一部がガーナのカカオ生産地の子どもたちを支援するために活用された。

第4章

「この世で見たい」と願う変化のために

ACEインドプロジェクト担当　田柳優子
ACE事務局次長・子ども支援事業チーフ　成田由香子

田柳優子

Yuko Tayanagi

1988年生まれ。東京都出身。国際協力とは直接関係のない学部に所属する大学在学中、旅をするうちに海外に住む人々に関心を持つようになり、ストリートチルドレンを保護するインドのNGOでインターンシップを経験する。様々な環境で生きる子どもたちと接するが、問題を解決するために何をするべきなのか、渡航前よりもわからなくなる。帰国後ACEのことを知り、ACE主催のスタディツアーに参加し再びインドを訪問する。卒業後は旅行代理店への就職・勤務を経て、インド担当スタッフとしてACEに入職。インドのコットン生産地での事業、講演やワークショップ、企業との連携事業などに携わる。

成田由香子

Yukako Narita

1977年生まれ。福島県福島市出身。インドのタタ社会科学研究所ソーシャルワーク修士課程修了。労働組合、在印日本大使館(草の根・人間の安全保障無償資金協力外部委嘱員)での勤務を経て、2007年5月より現職。インド・コットン産業での事業の立案・実施管理、ソーシャルビジネス推進、日本の子どもの権利に関する政策提言等を担当。労働・人権分野の国際規格「SA8000」社会監査人コース修了。保育士資格取得。現在、日本福祉大学福祉経営学部医療福祉・マネジメント学科在籍。

子どもたちに本当に必要なもの

田柳　インドの児童労働の現状に関心を持ったのは、大学生のときでした。それまでは旅行で海外を訪れていたのですが、あるとき一か所に長く滞在したくなり、春休みを利用してインドに単身渡航し、ストリートチルドレンを保護する現地ＮＧＯで２か月間ボランティアを経験したんです。インド西部のヴァドーダラーという都市で、子どもたちの状況を目の当たりにして、なにも解決できないことにすごくモヤモヤした気持ちで帰国して。そのＮＧＯでは、ストリートチルドレンなどの子どもたちを保護するシェルターを運営していたのですが、そこから逃げ出してしまう子もいたんです。安全な環境で、学校にも通えるようになったはずなのに、なぜだろうって。路上に戻ってしまう子がいるということは、たんに保護することだけが正解ではないんだな、それなら子どもたちにとって本当に必要なものって一体何だろうと考えました。

成田　じつは私もインドの大学院で、ストリートチルドレンのためのＮＧ

インド India

人口:12億1,057万人、人口増加率:17.68%（2011年国勢調査）

首都:ニューデリー。言語:連邦公用語はヒンディー語、他に憲法で認められている州の言語が21

宗教:ヒンドゥー教徒79.8%、イスラム教徒14.2%、キリスト教徒2.3%、その他にシク教徒、仏教徒、ジャイナ教徒など（2011年国勢調査）

識字率:73.00%（2011年国勢調査）／外務省ホームページより

Oの活動に参加した経験があって。当時、街の駅やシェルターなどを訪れて子どもを保護したり、子どもが安心して自己表現できるようにレクリエーションを担当したりしました。けれど、そういった子どもたちのほとんどは、おとなから守られたり、受容されたりした経験がなくて、虐待などによって多くの精神的なストレスを抱えていたのです。急に泣き出したり、攻撃的になったり、心を閉ざしてしまったり。

田柳　関わる子どもたちは、笑顔を見せてくれてはいたんです。でも、警察官に棒で叩かれたときのことを話す冷たい目や、物乞いをしている最中の生気を失ったどろんとした顔を見て、「そんな顔をしないで」と思いました。私には笑顔を見せていても、きっと心の中では笑えていないんだろうなと感じたんです。見学させてもらう機会のあった別のシェルターは、薄暗い建物の中に子どもたちを閉じ込め、逃げ出すことも許さない収容所のような状況でした。

成田　よくわかります。私も、インドで出会った子どもたちが夢に出てくるほど気になって、次に会ったときにどう接するか、今後あの子たちが安心して生活できるようになるにはどうしたらよいのかを考え続けて。日本やインドで就職もしたけれど、「やっぱり子どもと直接、現場で関わりたい」という思いから、ACEのスタッフになったんです。

田柳　私は、前述のボランティアをきっかけに、インドの子どもが抱える問題についてもっと知ろうと考えるようになって、「今度はインドにくわしい人と一緒に訪れてみたい」と思い、インターネットで検索して見つけたのがACE主催のスタディツアーでした。

成田　それで、まだ学生だった田柳さんと一緒に、当時活動していた「子どもにやさしい村プロジェクト」（P19参照）でインドのラジャスタン州に行ったんだよね。ラジャスタンは、カーペット縫いや農作業、放牧などをして働く子どもが多い地域で知られているところですね。

田柳　はい。ツアーでは児童労働から解放された男の子たちが生活する施設に泊まって、子どもたちと交流しました。そこは、私が見たヴァドーダラーの施設とは異なり、スタッフの子どもたちへの対応がまるで家族に接するようでした。子どもたちも、安心してスタッフとじゃれあっていて。職業訓練をしている男の子に話を聞くと、「自分でやりたいと思ったことを選んでやっているんだ」と言っていたのも印象的でした。学校に行きたくない子には、スタッフが勉強を教えるなどして、安心できる雰囲気が漂っていました。

成田 インドの子どもを保護する施設は、田柳さんが見たような、子どもたちが逃げないように鍵を閉めて、行儀よく振る舞うように訓練して生活させるようなところもあれば、ラジャスタン州の施設のようにスタッフと家庭的な環境で過ごすようなところもあって、多様なんだよね。子どもたちの意志を尊重して、自分の権利についてきちんと学べるようにすることを運営スタッフが大切にしているかどうか。そこが両者の大きな違いだと思います。

田柳 私も後者のような環境では、「心から笑える子どもがいるんだ」と感じました。子どもたちに一番必要なのは、物質的な援助よりも精神的な支援や安心できる環境。そのためには児童労働はなくさなければいけないけれど、たとえそこから解放されたとしても、誰かに自分の存在を受け止められていると感じられなければ、その先の人生を前向きに生きてゆくことはできないんだと思います。子どもが心から安心できる場を持ったときの笑顔を見たい。そういう思いで、今はＡＣＥのスタッフをしています。

インドの女の子たちの「チェンジ」

田柳　ＡＣＥで働くようになってからは、インドの事業担当者となり、一年に約３回ずつ現地を訪れています。現在ＡＣＥが行う「ピース・インド プロジェクト」（※１）に携わっているのですが、ラクシュミちゃんという子が印象に残っています。彼女はコットン畑で働いていた女の子でしたが、私たちの活動がきっかけで、ブリッジスクール（補習学校）に通うようになりました。「もし教育を受けていなければ、日雇いの炎天下での仕事をするしかなかった」と彼女は言います。児童労働をしているときは、畑でまかれる農薬の影響で、お腹が痛くなって入院したこともありました。

成田　ラクシュミちゃんは、ＡＣＥが関わるまで、「学校に行きたいと思っていなかったし、自分も学校に行けるという発想自体がなかった」と言っていました。でもブリッジスクールでは、年齢が一番上だったこともあって、小さい子たちをまとめたり、みんなのお姉さん的存在のしっかり者で

※１　コットン生産地での危険な児童労働から子どもを守り、就学を徹底することを目的としたプロジェクト。ブリッジスクールや職業訓練センターの運営などを行う。現地パートナー団体ＳＰＥＥＤと共に、２０１０年からテランガナ州の農村地域で実施している。

した。そんな姿を見て、ずっと前から「積極的に学校に通いたい」という希望を持っていたんだろうな、と私は思っていたほど。

田柳　私もそれが意外でした。彼女のおばあちゃんは、最近になって「村ではずっと女の子は学校に行かず、10代で結婚してお嫁に行って、子どもを育てることが普通だったから、ラクシュミにも、ほかの孫にもそうさせるつもりだった」と話してくれました。でも彼女が学校に通うようになり、その変化を見て、考えが変わったみたいです。

成田　ラクシュミちゃんはきっとこれまで、家とコットン畑しか自分の見える世界はなかったんだよね。でも学校では自分を尊重してくれる別のおとながいて、同じような境遇にいた子どもたちもいる。「そこでみんなと学ぶことが今一番楽しい！」と純粋に話してくれる姿からは、知らなかったことを吸収しよう、自分を表現しようとする力が爆発したように湧き出ている。その姿を見て、おばあちゃんや両親も「学校には勉強だけじゃなく、それ以上の大切なものがある」と、あらためて感じたんだと思います。

田柳　去年（２０１７年）インドで再会したとき、ラクシュミちゃんはさらにチェンジの影響を周りの人へ広げていました。今、彼女が通っている

周りの人々に影響を与えるラクシュミの笑顔。
P92はACEが出会った頃の彼女（写真中央）。

のは村の外にある寄宿制の公立学校なんですけど、学校には、特に低いカーストに属する子どももたくさんいるんです。友だちの中には、「働いたり結婚するために戻ってくるように親が言うから、学校を辞めて村に戻って働く」と言い出す子もいるそうです。児童婚（※2）やそのときに女性側の家が用意する結婚持参金「ダウリー」（P41参照）のこともあって、女の子に教育は必要がないと考えるおとなは多いですね。でも彼女が「今辞めたら、もう勉強できる場には戻ってこられなくなるよ」と説得して、2人の女の子の中途退学を止めたという話を聞きました。今は「自分のような子どもたちみんなに良い教育を与えたいから、先生になるのが夢」とも教えてくれました。

成田　そのほかに、教育を受けられないまま義務教育年齢を過ぎてしまった女の子たちのために、「職業訓練センター」の運営も行ってきたよね。

田柳　はい。職業訓練センターを卒業したチッティーちゃんという女の子も、私にとって印象に残る一人です。

成田　職業訓練センターが始まって、「生き生きしている女の子たちの姿が見られるようになって、村が明るくなった。ありがとう」と、村の人た

※2　18歳未満の子どもが親に結婚させられてしまう「児童婚」の習慣は法律で禁止されているが、インドで根強く残っている問題。安全な出産方法を学ぶ機会を逃し、女性が未熟な身体で出産することで母親や乳幼児が死亡するリスクがある。

ちから言われたのは嬉しかった。あのときは、村の景色や色が変わったきっかけのような手ごたえを感じました。

田柳　チッティーちゃんは、学校に行きたいと思っていたけれども、親の同意が得られないまま、義務教育年齢を過ぎてしまったんですね。前述のラクシュミちゃんのように本人が一番望む状態にはならなかったけれど、「職業訓練センターに行けたことはよかった」と言ってくれました。

成田　そう。日本で「エシカルファッションカレッジ」（※3）のイベントを行ったときは、インドのオーガニックコットンで作ったトートバッグに、職業訓練を受けた女の子たちに自分の好きなデザインで刺繍をしてもらって、販売したよね。自分の作ったものを日本の人たちが買ってくれたことで、喜びや自信につながったと思う。

田柳　あのときは、みんなすごくいい笑顔を見せてくれましたね。

成田　職業訓練センターに通って、「自分で働いて、稼げるようになりたい」とか、「稼いだお金で親を助けたい」という思いは、自らの意志があって湧き上がってくるもの。自分の人生を自分で決めることができない「児童労働」からは、そういう思いは生まれてこないんですよね。

ACEと出会った頃のチッティー。

※3　児童労働や環境破壊など、製造や流通上の問題に対してアプローチする「エシカル（倫理的）なファッション」を学ぶイベント。ACEが事務局を務め、2014年、2015年に開催。

農村地帯に残るカースト制度

田柳　インドの活動で難しいと感じるのは、根深いカースト制度（※４）です。カーストによって居住区も違い、「同じ村の仲間同士」という意識が弱い。低カーストの家庭では親も学校に行っていなかったため、子どもが教育を受ける必要性を分かってもらうまでは、「学校なんて、うちの子の行く世界ではない」と線引きしている親も少なくないですよね。

成田　カーストが違う家とは接触もしてはいけないから、お互い干渉もしないしね。カーストは法律で廃止されてはいるけれど、職業や結婚などにもいまだ結び付いていて、農村部でのカースト差別は明らか。カースト制度の差別から逃れる大きな鍵は、やっぱり教育なんですよね。インドでも急成長しているＩＴ産業は新しい産業で、カースト制度の影響もないことから、「低カーストの人も富裕層になれるチャンス」と言われていたり。

田柳　自分たちよりもカーストの低い人とは一緒に食事をしないし、作ったごはんすら食べない、ということを初めて聞いたときは驚きました。ブ

※４　インド社会固有の身分制度。上からバラモン（司祭）、クシャトリア（王侯・戦士）、バイシャ（商人）、シュードラ（隷属民）に分けられ、その下に不可触民と呼ばれる人々がいる。インドの憲法ではカーストによる差別を禁じているが、日常的には解消されていない。

リッジスクールの子たちもカーストが異なるので、低カーストの子が食事をしている場所には近づけない、ということも最初はありました。

成田　給食の料理人の女性が低カーストであるため起きた問題もありました。高カーストの子どもの親がやって来て、「うちの子にはその給食は食べさせられない」と。でも村で集会を開いて話し合い、高カーストの男性が問題解決に協力してくれることになって。

田柳　その女性の料理をみんなの前で一緒に食べてくれたんですよね。

成田　そう、それがきっかけになって、カーストの違う人同士も一緒に座って、食事をすることができるようになった。それは、大きな変化だったね。彼らの中に、「カーストの違いを超えて、村を良くしよう」という、共通の目的ができたわけだから。

田柳　そういう問題意識を顕在化させ、村の住民全体に課題だと思ってもらえるよう促すことも、私たちの重要な仕事ですね。

成田　閉じた世界の中にいると、理不尽なことも「当然」と思ってしまう。でもそれは違うよと、新しい概念を持ち込めるのは、外部者である私たちだからこそできること。そこに、私たちの存在意義があると思う。少しでも成功体験を実感できると、「自分もできる」「それならあれもできる」という自信や思いが、どんどん加速していくのがわかるよね。

大切なのは、「ムーブメントを起こすこと」

田柳　現地で「児童労働をさせないでほしい」と親と話をするときに、納得のいく説明ができていないなと感じることがあります。とくに、お父さんよりもお母さんが難しいことが多い。「あなたたちの状況と、私たちの状況は全然違うんだから」と言われると、いまだに言葉に詰まります。

成田　「村のことを本当に分かっているのか」とか、「そんな簡単じゃないよ」とか。私も、こっぴどく言われたのはお母さんの方が多いですね。それでも「とりあえずやってみませんか」と、根気強く言う。

田柳　そうですね。「今日だけ学校を見学しませんか」と誘ったり。

成田　最初は強気で反対しているお母さんも、周りの変化によって気づくことが多いみたい。気づいたら、ほかの人たちは変わっていた。自分だけが知らずにいたということに気づくタイミングがあって。インドの農村部はとくに封建的な分、世間体や周りを気にする人たちも多いというか。

田柳　周りの家庭が変化しているのに、自分たちだけ変わっていないと、今まで通りではいられなくなるんですね。

成田　そう。児童労働をなくそうという考えに抵抗する人もいるけど、賛成する人も必ずいるから。教育の大切さを理解する親が協力してくれて、学校に通い始める子が現れると、「うちも子どもを通わせてみようかな」となるみたい。だから、事例を見せるのが何よりの説得材料ですね。

田柳　そうなると、私たち以外にも働きかけをする人が増えてきますよね。以前は子どもの雇用主だった農家が今度は周りに子どもを雇わないように言ったり、子どもを学校に行かせるようになった親が、別の親に教育の大切さを伝えてくれたり。そういう人たちに「ありがとう」と言って、「自分たちの村のことなんだから、当たり前でしょ」と返されたときは、「この間まで反対してたくせに〜」って、笑いながらツッコミたくなります。

成田　言葉だけで伝えようとするのではなくて、村の中にムーブメントを起こすことが、一つ大きなポイントだと思う。子どもたちが変わることで、おとなたちも変わっていけるようなサポートをする。行政の社会保障制度を使ってサポートが受けられるようにしたりすることで、経済的に困窮していた人たちも突破口を見出すことができるから。インドってじつは、政策実施のしくみとして「上から下」ではなくて、「下から上」のやり方があるんだよね。住民側から自治組織などを通じて政府へ要請して必要な政策が実施されるようにしたり、行政から予算を引き出したり。でも農村では、そういうしくみ自体を知らない人々が多いので、行政制度の存在やその使い方を教えたり、サポートする私たちの役割は大きいと思います。

親になって思うこと

田柳　私がＡＣＥに入ったのは、成田さんが産休に入る少し前のタイミングでした。ＡＣＥに入る前に勤めていた旅行代理店には女性の先輩が結婚や出産後も仕事を続けるというロールモデルがなかったんです。インドの子どもたちに関わる仕事がしたいとも考えていましたが、そのことが転職を決めた大きな理由でした。

成田　そうだったんだね。ＡＣＥは創設者の岩附さんと白木さんが自分たちが当事者になったこともあって、出産後も復帰しやすい制度を作ったことで、女性にとってはより働きやすい環境になったよね。そのおかげで私も、その制度を使って育児休暇を取り、最近、職場復帰をしました。

田柳 それぞれがこうありたいと思う姿を諦めずに働いているのを見て、私も様々な働き方をしていいんだ、できるんだと実感しました。もし自分自身もお母さんになって現地に行けたら、語りかける言葉が変わるんだろうなと思います。現地でお母さんに「お子さんを学校に通わせてください」と話すとき、「お母さんも苦労しているのに、こんな未熟な奴に言われても説得力ないだろうなぁ」って考えてしまうこともよくあるので。

成田 自分自身も親になったことで、たしかに見方は変わったかもしれないですね。これまでは「子どもが置かれた環境は、すべておとなの責任だ」と考えていたところもあったけど、今は育児の大変さもわかって「子どもを育てるお母さんこそ、サポートが必要なんだ」と想像できるようになりました。生まれたばかりの赤ちゃんは、しゃべって何かを伝えることができない。だからこそ、どういうふうにおとなが関わるか、どういう環境で育てられるのかによって、その子の運命は１８０度変わってしまうから。

家族も交えて、粘り強く意見を交換する。

田柳　成田さんは今後、ACEで日本の子ども支援事業も担当されますね。

成田　じつは日本でも、「児童労働」と捉えられる実態があるとわかってきました。ILO（国際労働機関）条約で定められている通り、児童労働は「義務教育を妨げる労働や、18歳未満の子どもが、子どもの発達にとって危険で有害な労働に就いていること」を指します（P15※1参照）。じつは日本でも2017年12月に茨城県で、アルバイト中の15歳の少女が高所での作業時に転落死するという事故が起こって。これは18歳未満の危険有害労働で、児童労働に該当します（※5）。

田柳　児童労働の問題は、先進国にもあると言えますね。

成田　2015年にニューヨーク国連本部で「持続可能な開発目標（SDGs」が採択されて、169ある「ターゲット」の一つに、「2025年までに、すべての形態の児童労働をなくす」という目標が立てられました（※6）。果たして日本の児童労働は誰が解決するのかと考えたとき、それはやっぱり、私たちACEの役割なんじゃないかと。

田柳　インドやガーナなどの開発途上国だけではなくて、先進国に住む私たちも含めて、みんなで目標の達成を目指していくことが必要ですよね。

※5　労働基準法の年少者労働基準規則第8条では、満18歳に満たない者を「高さが5m以上の場所で、墜落により労働者が危害を受ける恐れのあるところにおける業務」に就かせてはならないとしている。

※6　持続可能な開発目標（SGDs：Sustainable Development Goals）は、2015年9月の国連サミットで採択された。2016〜2030年の15年間での実現を目指す、17の大きな目標と、それらを達成するための具体的な169のターゲットで構成されている。その中の「目標8のターゲット7」に強制労働、現代奴隷制度、人身売買、全ての形態の児童労働を撤廃させることが掲げられている。

成田　「You must be the change you want to see in the world.（あなたがこの世で見たいと願う変化に、あなた自身がなりなさい）」。これはインド出張中のある日、空港で見たマハトマ・ガンディの言葉。目にしたとき、「私はずっとこうしたかったんだ。自ら願うこと、心が動かされることに飛び込んで行動していく。今までもそうしてきたはずだし、これからもそうしていこう」と、そう思えて。自分にも子どもが生まれて、「子どもたちが希望を持って自ら望む人生を切りひらける社会であってほしい」と心から願うようになりました。そういう社会が実現できるように子どもに寄り添う仕事をして生きていきたいと思います。

田柳　そうですね。私たちはプロジェクトを通じて、子どもたちが「チェンジの扉」を開く手助けをしているんだと感じます。一方で私自身はまだ、なりたい変化を探している最中なのかもしれません。選択肢が見えていない子どもたちの味方となり、扉が開いたときの笑顔をそばで見守りながら、自分も変わるきっかけを見つけていきたいと思います。

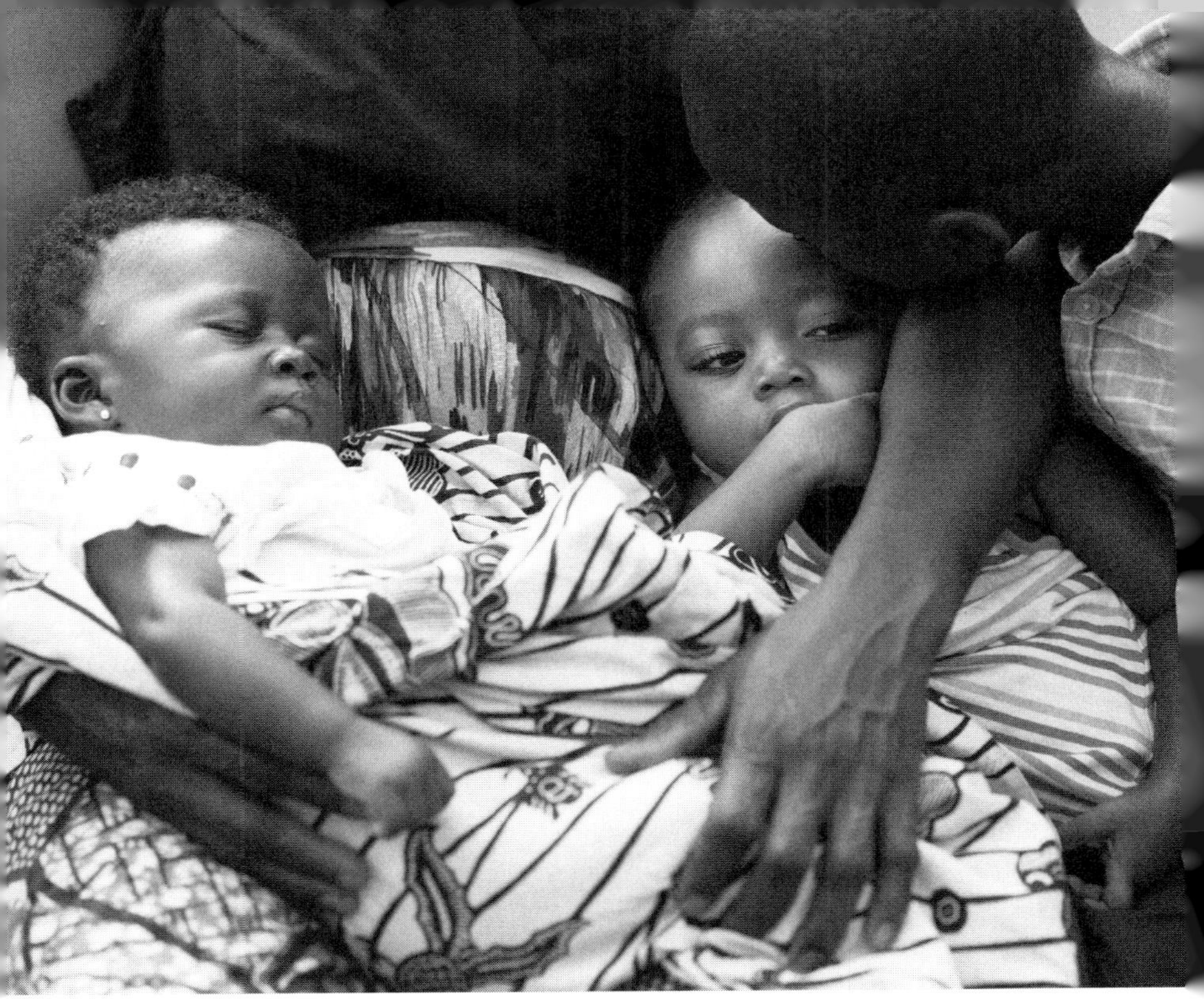

第5章

チェンジの扉のその先へ

ACE代表・共同創業者
岩附由香

岩附由香

Yuka Iwatsuki

1974年生まれ。東京都出身。14～16歳まで米国ボストンで過ごす。桐朋女子高等学校卒業。上智大学在学中、米国留学から帰国途中に寄ったメキシコで物乞いをする子どもに出会い、児童労働と教育を研究テーマに大阪大学大学院へ進学。在学中に「児童労働に反対するグローバルマーチ」をきっかけにACEを発足させる。NGO、企業、国際機関への勤務やフリー通訳等を経て、2007年よりACEの活動に専念。「児童労働に反対するグローバルマーチ」理事、児童労働ネットワーク事務局長、エシカル推進協議会理事を務めながら、ACEではSDGs(持続可能な開発目標)と児童労働、ビジネスと人権等、日本国内およびグローバルなアドボカシー(政策提言)に力を入れる。2児の母。

「なるものになるよ」と言ったインドの少年

つい最近、こんな夢を見ました。見知らぬ男性に詰め寄られ、困っている女性を助けようとしている私。さらに私はその男性に立ち向かおうとするものの、逆に襲われそうになり、空を飛んで逃げるのです。すると男性は、地上から銀色の銃をこちらに向けました。そのとき、夢の中で思ったことは、今でもはっきりと覚えています。

「私はまだ児童労働の問題を解決していないのよ！」

夢なのでありえない設定ですが（笑）、目覚めたとき、なぜか幸福感に包まれている自分がいました。自分のやりたいこと、やるべきことがクリアにあって、かつそれが仕事にもなっている。だからこそ頑張れるし、苦手なことも含めて努力しようとも思える。本来なら、もっとだらだらしている自分なのに……と。

自分のキャリアとして、「NGCを仕事にしよう」と決断したこと。それは私にとって、「チェンジの扉」を探す旅でもありました。私が活動を始めた当時は、ＮＧＯやＮＰＯというと、「立派な社会貢献をしているけれど、それだけでは食べていくことが難しい」というイメージがありました。最終章となる本章では、私自身とＡＣＥの歩みについて、また私の「ＮＰＯという活動で、生活の糧を得るに至るまで」のチェンジストーリーをご紹介したいと思います。

私がＡＣＥの活動で収入を得られるようになったのは、１９９７年の設立から10年が経った２００７年からです。それまでは、ずっと、ボランティアとして続けていました。学生時代、仲間とともに立ち上げた当初、じつはＡＣＥは６か月だけの期間限定で活動するつもりでした。設立のきっかけは、「児童労働に反対するグローバルマーチ」（※１）を日本で実施するため。グローバルマーチとは、世界中から児童労働の経験をもつ子どもたちや支援者たちが集まって、世界5大陸８万キロの距離をデモ行進しながら、児童労働の撤廃を世論に訴える世界的なムーブメントのことです。

サディスくんという、当時13歳だった男の子とは、インドのデリーで行われたマーチで知り合いました。綿糸工場で働いていたという彼は、私に

※１　１９９８年の１月から６月にかけて、１０３か国のＮＧＯ、労働組合、市民グループ、個人が関わって５大陸でマーチを行った。マーチのゴールとなったＩＬＯ（国際労働機関）本部の所在地ジュネーブでは、市民団体としてＩＬＯ史上初めて総会場に入ってスピーチを行った。また、同年から審議が始まった最悪の形態の児童労働条約（ＩＬＯ第１８２号条約、２０１８年７月現在１８１か国が批准）の成立や、各国政府の批准に大きく貢献した。現在は児童労働に関するグローバルなネットワークとして活動を展開している。グローバルマーチの創設者であるインドの人権活動家、カイラシュ・サティヤルティ氏は、長年の児童労働撤廃への取り組みが評価され、２０１４年度のノーベル平和賞を受賞した。

こんなエピソードを話してくれたのです。

「雇い主は、僕が仕事でミスをすると、たばこの火を押し付けたり、蹴ったり、殴ったりするんだ。お昼ごはんを食べるのが遅くて、お皿を顔に押し付けられたこともある」

そんな辛い目に遭っていることを親には相談しなかったのかと聞くと、

「以前、親に話した子がいたんだ。それで親が雇い主に文句を言いに来たんだけど、その翌日からその子の姿は見えなくなった。親は捜したけれど見つからなくて、あの子はきっと殺されちゃったんだと思う。だから僕は、親には相談しなかった」

それだけでも十分ショッキングな内容でしたが、さらに胸が痛んだのは、彼に将来の夢を尋ねたときのことです。

「将来？　さぁ、なるものになるよ。来るものは拒まず、だよ」

なりたいものではなく、なるものになる。児童労働というのは、教育を受ける機会や楽しい子ども時代を奪うだけではなく、将来の夢を抱く意志すらも奪ってしまう。そのことを、私は彼から学んだのです。

©ACE

児童労働に反対するグローバルマーチ。
日本では1998年5月に東京と大阪で行われた。

©ACE

「なるものになる、来るものは拒まず」
と言うサディスくん（左）。

転機は「ワールドカップキャンペーン2002」

ＮＧＯはライフワークであり、生活の糧はほかの仕事で稼ぐ。それがＡＣＥ設立から10年間の私のスタンスでした。しかしその間は私にとって、人生の中で最もキツイ混迷期でもあったのです。ＡＣＥを始めた後、大阪の大学院在学中から子どもの権利に取り組むＮＧＯに勤め、たくさんのことを学びましたが、ボランティア組織の運営の難しさの洗礼を受け、心身ボロボロになって東京に戻りました。父の会社を手伝いながらＡＣＥの活動を再開した矢先にかかってきたインドからの一本の電話が、その後のＡＣＥと私の方向性を決定づけたのです。「１年後に控えたサッカー日韓ワールドカップ開催に向けて、２週間後に日本で記者会見を開いてほしい」

電話の主であるグローバルマーチの日本人スタッフ（当時）、冨田沓子さんの勢いに押され、２００１年5月31日、５歳のときからインド・パンジャブ州でサッカーボールを縫う児童労働をしていたソニアさんと、グローバルマーチ代表のカイラシュ・サティヤルティさんの記者会見を開きました。ソニアさんは7歳のときに視力を失いながらも手の感触だけでボールを縫い続け、11歳で地元のＮＧＯに救出されるまで、児童労働をしていたといいます。「サッカーボールは、おとなが正当な賃金をもらって作ったものを使ってください。子どもは学校に行くべきです。そのためにどうか協力してください」

ソニアさんのメッセージは、私たちが思っていた以上に報道関係者の関心を引きました。そこで、グローバルマーチが世界で展開していた「ワールドカップキャンペーン２００２〜世界から児童労働をキックアウト！」を、サッカー日韓ワールドカップにあわせて日本でも展開していくことを決めます。１年半ほどフットサル大会の開催や出張講演、イベントなどを通じた啓発活動を行い、児童労働という問題が存在することが新聞やニュースでも大々的に取り上げられました。

サッカーボールという商品の背景にある児童労働の問題に、こんなにも多くの人が関心を持ってくれたことは想像以上で、「やっぱり、児童労働の現実はたくさんの人に伝えるべきことで、それに値する活動なんだ」と実感しました。一方で、問い合わせの電話や学校への出張授業など、平日

©ACE

サッカーボールを手にするソニアさん（右）。
左は人権活動家のカイラシュ・サティヤルティ氏。

の日中に対応が必要なこともかなり出てきて、フルタイムの仕事をしながらボランティアで活動を続ける限界を感じました。

結局、このキャンペーンがターニングポイントになり、ACEを法人化し、ちゃんと事務所を持って、人も雇うという方向を目指していくことになりました。そして2005年、ACEはNPO法人として登記。このタイミングで、設立メンバーの一人である白木（現・事務局長）が「今の仕事を辞めてACEで働いてもいい」と言ってくれたのです。これが、ACEが有給職員を置き、組織として発展していく第一歩となりました。

白木との最初の出会いは、大学院生のときにボランティアとして活動していた、あるNGOの勉強会です。そのときに、お互いのアドレス帳（携帯電話のないアナログ時代、連絡先の交換はアドレス帳が主だったのです！）に自宅の電話番号を書いて交換しました。その後、前述のグローバルマーチのための団体を立ち上げるべく、白木に電話をかけた日から約20年。夫よりも長い時間を過ごすことになるとは、あのときは考えもしませんでした。どちらかというと政策提言などのアドボカシー（※2）やしくみ作りの方に関心のある私に対して、現場第一主義の白木。自分と異なる

※2　自己の権利を表明することが困難な社会的弱者の代わりに、代理人が権利を表明すること。「政策提言」や「権利擁護」などの意味でも用いられる。NGOとして、現地で直接支援するだけでなく、アドボカシー活動により政府などの政策を変えることもひとつの役割とみなされている。

タイプである彼女と一緒にそれぞれのパートを受け持ちながら活動を続けてこられたことで、今のＡＣＥを築くことができたのだと思っています。

アメリカで学んだNGOのあり方

２００５年にＮＰＯ法人として新たなスタートを切ったＡＣＥでしたが、私自身は２００１年から２００５年の30歳前後は人生の激動期で、キャリア、恋愛や結婚、ＡＣＥへの関わり方、すべてに迷っている時期でした。ＡＣＥを続けるかたわら、通訳学校に通ったり、国連職員の登竜門であるＪＰＯ派遣制度（※３）に応募して落ちたり、国際機関の日本事務所に勤めて国連組織の動き方を垣間見たり、大企業にパートタイム通訳として派遣されたり、「ほっとけない世界のまずしさ」キャンペーン（※４）の実行委員を務めて「ホワイトバンド」の一大ソーシャルムーブメントの渦中にいたり、大失恋を経て新たな出会いに恵まれたり、大忙しでした。

そんななか、あらたな突破口となったのが、２００６年にＮＰＯフェローとして渡米したことでした。国際交流基金の日米センターが提供していた

※３　若手職員を国際機関に送り込むために、多くの国が実施する制度。日本では外務省が費用を負担して行っている。

※４　２００５〜２００８年、世界の貧困問題解決に向け、ＮＰＯ法人「ほっとけない世界のまずしさ」が中心となり、実施されたキャンペーン。ゴム製のホワイトバンドが象徴的なアイテムとなった。

NPOフェローシッププログラム（現在は終了）に受かり、アメリカのNPOの運営方法を学ぶ間、滞在費などの援助を受けられることになったのです。児童労働分野のアドボカシーやファンドレイジング（資金調達）の方法などをテーマに、約9か月間、ワシントンD.C.近郊に拠点を持つNGO「Winrock International」にお世話になりました。

このフェローシップを通じ、NGOのプロフェッショナルとして働く人たちの姿に、大きな刺激と影響を受けました。私が所属していたユニットは米国労働省から850万ドルの資金を受け、世界中で児童労働を撤廃するプロジェクトを支援していたこと、また、スタッフ全員がフルタイムの職員で、私のようなフェローにも専用ブースと電話が与えられ、仕事に集中することができたこと。当時のACEの事務所は、ほかの団体とのシェアオフィスで（もちろん、今どきのおしゃれなものではありません）、オフィススペースとしての環境も十分整っていたわけではありませんでした。環境によるパフォーマンスの違いは大きく、設備の整った事務所では仕事の進みが早い、とあらためて実感しました。「NGOも、プロフェッショナルとして成り立つんだな」

このときの経験を通じて、児童労働の問題を本当に解決したいのであれば、自分も給与をもらって働くほうが成果が出せると思いました。「給与をいただくことで、一番やりたいことに、一番時間を割けるようになる」という、あたりまえだけど大切なことに気づいたのです。

フェローとして渡米していた2006年当時、アメリカは児童労働に関する政府資金が潤沢でした。中でも民主党のトム・ハーキン上院議員（※5）が、児童労働の問題に熱心に取り組んでいることを知りました。私の滞在中、政権は共和党でしたが、「たとえ政権が替わっても、民主党時代に作った制度を変えるのはなかなか難しい」ということを、労働省の人に教わり、法律や政策があることの意義を感じました。

「チェンジの扉」のその先へ

現在はアメリカだけではなく、イギリス、フランス、オランダなどでも、「児童労働や強制労働を含んだ問題について、企業はサプライチェーン（※6）全体を通じ人権を守る努力をしなければならない」という考え方にのっ

※5　民主党所属のアメリカ合衆国上院議員。1985年から2015年までアイオワ州選出の連邦上院議員を務め、児童労働による商品のアメリカへの輸入を禁じる法律など、様々な法律を成立させてきた。2001年にはカカオ豆生産現場の児童労働をなくす目的で、エリオット・エンゲル下院議員とともに、「ハーキン・エンゲル議定書」を締結した。アメリカにおける児童労働への取り組みの立役者。

※6　供給連鎖。製品やサービスが原料の段階から最終消費者に届くまでのプロセスを指す。

とった法律があります。つまり欧米の企業では、「自社製品の製造過程において、児童労働があってはならない」としているため、消費者におのずと児童労働問題への意識が浸透していくのです。ところが、同じ先進国の日本には、そのような制度はありません。私たちが児童労働の問題に関わりだした当時は、「国が貧しいのだから仕方がない」とか、「教育の問題に比べたら、そんなに大きな問題じゃないよ」など、超マイナーなイシュー（課題）と捉えられることが少なく、企業やビジネスに関わる問題と見られることもありませんでした。ＡＣＥ設立の際、私がグローバルマーチに関心を持った理由もそこにあったのです。当時のグローバルマーチの事務局の人いわく、「日本でも窓口団体を探しているのだが、どこも手を挙げてくれない」というのです。この世界を良くするために、動いている人は大勢いる。でも、私たちが無関心なあまり、日本だけが取り残されているような気がする。経済大国であるにもかかわらず、政府の取り組みも含めて、いろいろな面がグローバルスタンダードに追いついてない……。私たちは、世界で起きている様々なことを、あまりにも知らずに暮らしています。恵まれているようでいて、じつは閉じた社会で生きている。そのことを、もっと多くの人に感じてほしいのです。

アメリカから帰国後、私はＡＣＥの活動に専念しました。自分自身もフルタイムで働き、寄付や事業収入も徐々に増え、２００８年には手狭になったワンルームマンションを出て、より広い事務所に移転、活動基盤が整っていきました。２０１０年には認定ＮＰＯ法人となり、ＡＣＥへの寄付は税制優遇の対象に。多くの企業との取り組みも開始しました。森永製菓「１チョコ for １スマイル」キャンペーン（※７）との連携は代表的な協働事例です。また、詩人の谷川俊太郎さん書き下ろしの詩「そのこ」、映画「バレンタイン一揆」や教育教材の制作など、児童労働を伝えるコンテンツを生み出してきました。２０１７年には、国連のＥＣＯＳＯＣ（※８）協議資格を取得、ＮＧＯとして国連の協議にも参加が可能になりました。

「誰にでも、社会を変える力、どんな大きな困難をも乗り越える潜在的な力がある。あらゆる変化は人の内側から起こる。意識が変わることで行動が変わり、大きなシステムを動かす。子どもや若者には変革を生む力がある」

これは、ＡＣＥの活動理念にある一節です。決して理想論ではない証拠

※7　2011年1月より、森永製菓株式会社「1チョコ for 1スマイル」キャンペーンの支援パートナーとなり、同社の対象商品の売上の一部からガーナで行う活動のための寄付を受けている。

※8　国連の主要機関の一つ。経済・社会・人権などの国際的問題について調査し、報告や勧告を行う。国際連合経済社会理事会。

として、私の夢が本当に実現したことをご紹介したいと思います。

ＡＣＥをボランティアで続けるつもりだった渡米前、「得意な英語を活かしてフリー通訳になれば、ボランティアのＮＧＯの仕事と並行してできる」と思った私は、通訳学校の試験を受け、いきなり上級クラスですでに通訳として働いている方々と一緒に訓練を受けていました。もう少し頑張れば通訳を生業として成り立たせることができる、と手ごたえを感じていたとき、「どんな通訳になりたいか作文を書いてきて」と先生に言われ、書こうとしたら一行も書けなかったのです。通訳の花形は、国際会議でブースに入って同時通訳をする仕事です。でも、その場にいる自分をイメージしたとき、「私は国際会議で通訳をしたいのではなく、むしろ話す側になって、児童労働のことを伝えたいんだ」ということに気づいてしまったのです。そんな気づきから15年。２０１７年11月、それは現実のものとなりました。３～４年に一度開催される児童労働の世界会議の場で、主催国アルゼンチンの大臣等と肩を並べて登壇したのです。児童労働解決に熱心な先進国でもなく、児童労働が大きな問題である途上国でもない日本という国で生まれた小さなＮＰＯが、世界会議で発言の機会を得たのは、ＡＣＥのこれまでの活動が認められた故だと思っています。私の英語スピーチは6か国語に同時通訳されました。15年前、あまりにも大それて現実味がなく、誰にも言えなかった夢が実現したのです。

児童労働撤廃の運動に30年以上取り組んできたインドの人権活動家、カイラシュ・サティヤルティさんは「3つのD」についてお話しされています。Dream（夢を持つ）、Discover（力を引き出す）、Do（今すぐやる）。でも、DiscoverをDoに移すのはなかなか時間がかかるものです。私はこの間に「Believe（信じる）」を足しています。「できるかわからないけど、やってみたらできるかもしれない」という「根拠のない自信」が、一歩を踏み出す後押しになる気がするのです。自分の姿をイメージし、直感を信じて行動した先に、扉は開いていくのではないでしょうか。「2025年までにすべての形態の児童労働をなくす」というSDGs（持続可能な開発目標）に書かれている目標を達成すること、そして、おとなや社会が、子どもや若者のことをどうサポートできるかをこれからも考え、行動し続けていきたいと思っています。

おわりに

団体設立20周年の節目を迎えるにあたり、ACEの活動を通じてこれまでに生み出されてきた「チェンジ」のストーリーを1冊の本にまとめられたら……。そんな思いからこの本の制作プロジェクトは始まりました。ひとつひとつのストーリーは小さなものかもしれないけれど、1人の子どもの変化が家族の変化へとつながり、それがコミュニティへの変化につながっていることを、私たちは実感してきました。そのストーリーを本にまとめて届けることで、「誰にでも人生を変えるチャンスの扉がある」「私たちひとりひとりには自分らしい人生を生き、自分が望む世界を作る力がある」ことを伝えたい。そして、「今、悩みや課題を抱えている人たちの背中を押したい」。そう考えました。「誰でもチェンジの扉を開けることができる」。それは、財力もコネクションもなかった私たちがACEという小さな団体を立ち上げ、20年続けてくることができた経験から言えることであり、インドやガーナの経済的に困難な立場に置かれた子どもたちやその

パートナー団体CRADA（ガーナ・右）、SPEED（インド・左）のスタッフ。

家族の数多くのストーリーが証明してくれたことでもあります。本書に収められているのは海外の活動地やストーリーが中心ですが、日本で企業や市民の方々と連携したり、政府に政策提言を行うなかで、それぞれの現場でも小さな変化を積み重ねてきました。このような私たちの活動に共感し、ご支援くださった、たくさんの方々の存在がなければ実現し得なかったことばかりです。会員やマンスリーサポーター、ご寄付などの形で活動を支えてくださった方々、企業や労働組合、NGO、NPO等のみなさま、インターンやボランティア、評議員、理事、スタッフとしてこれまでに活動を共にしてきた方々など、おひとりおひとりに尽きることのない感謝をお伝えしたいと思います。

本書の制作にあたっては、インドとガーナでチェンジのストーリーを聞き取り、写真撮影を行う際に必要となる渡航費や現地での活動資金を集めるためにクラウドファンディングを実施し、164名の方々から264万円ものご支援をいただくことができました。中でも、末松弥奈子さん、鈴木寛さん、遠藤雅司さん、馬場康尋さんには多大なご支援をいただきました。現地での撮影のために、オリンパス株式会社様にもご協賛をいただき

©ACE

ACEのスタッフ、インターン、理事たち。

ました。みなさまのご支援がなければ、本書の制作を始めることはできませんでした。この場を借りて厚く御礼申し上げます。またACEスタッフとともに現地に滞在し、素敵な写真を撮影していただいたフォトジャーナリストの安田菜津紀さんにも心より御礼を申し上げます。

そして最後に、本書を世に出すチャンスを与えてくださったフリーエディターの井尾淳子さん、集英社学芸編集部の出和陽子さん、出版にあたりアドバイスをくださった株式会社スピーディの福田淳さんにも心からの感謝を捧げたいと思います。自分の人生の一部を世界の子どもたちのために捧げ、活動を共にしてきたパートナー団体であるガーナのCRADAとインドのSPEED、そしてACEのスタッフみんなと、その家族にも、感謝を伝えたいと思います。本書が、手にした人たちにとっての「チェンジの扉」となり、あらたな世界が広がるきっかけとなることを願っています。

2018年7月　ACE代表　岩附由香
事務局長　白木朋子

INFORMATION

ACEの活動は、多くの方々のご寄付によって成り立っています。月々決まった金額をご寄付いただくことによりACE全体の活動をご支援いただく「マンスリーサポーター」や、特定の活動を指定したご寄付を随時募集しています。ぜひACEの活動を支援してください。くわしくは、ACEホームページよりご覧ください。http://www.acejapan.org/

認定NPO法人ACE

（にんていえぬぴーおーほうじんえーす）

1997年に学生5人で設立した日本生まれのNGO。2005年にNPO法人化、2010年に認定NPO法人となる。国連の持続可能な開発目標（SDGs）に明記された「2025年までにすべての形態の児童労働をなくす」ことをめざし、インドのコットン生産地、ガーナのカカオ生産地で、子どもの教育や貧困家庭の自立支援を行うほか、企業との協働、消費者への啓発活動、国際社会や政府への政策提言を行う。日本の児童労働に関する調査も進めている。

安田菜津紀

（やすだ・なつき）

1987年生まれ。studioAFTERMODE所属フォトジャーナリスト。カンボジアを中心に東南アジア、中東、アフリカなどで貧困や難民の問題を取材。東日本大震災以降は陸前高田を中心に被災地の記録を続ける。2012年に「HIVと共に生まれる-ウガンダのエイズ孤児たち-」で第8回名取洋之助写真賞を受賞。著書に「君とまた、あの場所へ　シリア難民の明日」（新潮社）「それでも、海へ　陸前高田に生きる」（ポプラ社）「写真で伝える仕事　世界の子どもたちと向き合って」（日本写真企画）「しあわせの牛乳」（著・佐藤慧　写真・安田菜津紀／ポプラ社）など。

クレジット付記のない写真はすべて安田菜津紀氏の撮影によるものです。

人権保護のため、ガーナ、インドの子どもたちの名前は仮名としています。

子どもの敬称については、活動を通じて出会った子どもたちへの親しみを込めて、その年齢にかかわらず、「ちゃん」「くん」を使用しています。

本書は書下ろしです。

企画・文／井尾淳子
ブックデザイン／木下容美子
構成協力／ブラインドライターズ

チェンジの扉《とびら》
～児童労働《じどうろうどう》に向《む》き合《あ》って気《き》づいたこと～

2018年8月8日　第一刷発行

著　認定《にんてい》NPO法人《ほうじん》ACE
写真　安田菜津紀《やすだなつき》

発行者　茨木政彦
発行所　株式会社　集英社
〒101-8050　東京都千代田区一ツ橋2-5-10
電話　編集部　03-3230-6141
読者係　03-3230-6080
販売部　03-3230-6393（書店専用）
印刷所　凸版印刷株式会社
製本所　ナショナル製本協同組合

ISBN978-4-08-781664-8 C0036